DES FINANCES

DE FRANCE,

ET DU BUDGET

PROPOSE POUR 1816;

AVEC UN PROJET DE LOI POUR UN MEILLEUR ÉTABLISSEMENT FINANCIER.

Amor regis et patriæ scribere jussit.

Par l'Auteur des *Considérations sur l'organisation sociale*, imprimées à Paris, chez Migneret, en 1802.

PARIS,

J. G. DENTU, IMPRIMEUR-LIBRAIRE,

rue du Pont de Lodi, nº 3, près le Pont-neuf.

JANVIER 1816.

CET OUVRAGE SE TROUVE AUSSI AU DÉPÔT
DE MA LIBRAIRIE,

Palais-Royal, galeries de bois, nos 265 et 266.

AVANT-PROPOS.

Les principes sur lesquels doit reposer l'administration des finances étant généralement peu connus en France, et ceux que nous suivons étant destructifs de la puissance du gouvernement, ainsi que de la prospérité publique, je crois devoir attaquer encore ce système funeste, au moment où le budget de 1816 va être discuté.

Les bases que je propose sont celles qui servent de fondement à l'administration des finances, dans presque toutes les parties de l'Europe; ces bases ont fait long-temps le bonheur de la province du Languedoc, et leur solidité ne permet pas de douter que les Chambres ne les prennent en grande considération, pour remplacer successivement la plupart des impôts qui nous grêvent.

Ceci n'est point un système nouveau, ce sont des moyens fondés sur un principe que soutient une longue expérience. Cet écrit n'a d'autre mérite que d'en rappeler les effets, et d'en étendre l'application.

DES FINANCES DE FRANCE.

Personne n'ignore que c'est du bon ordre des finances publiques et particulières que dépendent la force, ainsi que le bonheur des Etats.

On ne cesse depuis un siècle de publier en France des ouvrages sur toutes les parties de l'administration financière ; cependant, de l'aveu de toutes les nations, notre système financier est le plus mauvais. Nous apercevons nous-mêmes qu'il gène l'industrie, qu'il détruit les capitaux, qu'il ruine les propriétaires, qu'il occasionne des vexations de tout genre, enfin, qu'il a le double inconvénient de coûter fort cher au peuple, et de tenir la trésorerie dans un malaise continuel.

Qui pourrait croire, au milieu de tant de désordres, que des hommes bien intentionnés disent sans cesse qu'il ne faut rien changer, et que de funestes expériences doivent nous ôter l'envie d'en faire de nouvelles ?

On ne voit pas que les folies de la révolution ne peuvent ressembler aux procédés que conseillent l'expérience et la sagesse ; on ne veut pas voir que les vices de l'administration nous dévorent, et que nous ne pourrons pas exister si l'on ne détruit pas le désordre.

On ne voit pas que les progrès de la civilisation nous forcent à suivre les chemins que parcourent les peuples les plus éclairés, et que ces progrès, s'ils étaient méconnus, nous laisseraient en arrière.

Très-peu de personnes savent en France, que l'Angleterre si brillante de force et de bien-être, marche par des moyens entièrement opposés aux nôtres, et que de là vient l'extrême différence qu'il y a de notre état au sien.

On connaît l'étendue, la fertilité, l'heureuse situation géographique de notre territoire, la supériorité de notre population et de notre disposition pour les arts, et l'on ne recherche pas les causes qui réduisent tant d'avantages à une infériorité si marquée de richesses, de puissance et de bonheur.

Il serait trop long de démontrer ces faits, qui sont d'ailleurs évidens ; nous nous bornerons à remarquer que, pendant que l'Angleterre a fondé la prospérité de ses finances sur la garantie des droits civils, sur l'industrie nationale, sur la proportion de toutes les facultés individuelles aux besoins publics, sur la bonne assiette des taxes, sur la vive circulation des capitaux, sur le crédit, sur la diminution de toutes les contributions directes, sur la destruction de tous les impôts arbitraires, la France n'a employé aucun de ces moyens, et qu'elle a constamment augmenté ses taxes directes, détruit le crédit, gêné la circulation, rendu tous ses impôts intolérables, plus encore par les vices de leur répartition que par leur quotité; qu'elle n'a établi aucune juste proportion entre les facultés individuelles et les besoins publics; qu'elle a enchaîné l'industrie, enfin qu'elle a foulé aux pieds tous les droits civils.

Dans cet état de choses, après tant d'arriérés, de banqueroutes, d'anticipations, d'emprunts forcés et de taxes arbitraires, que penser de ces administrateurs qui répètent sans cesse qu'il y a peu à changer dans l'administration des finances, et qu'elle a été très-bien organisée dans les derniers temps? Ils oublient que, par suite de ce système, les propriétaires se trouvent souvent sans revenus, parce que leurs facultés sont détruites par la non-valeur des denrées, par la difficulté de se procurer des capitaux, et par les extorsions d'une foule de receveurs, de commis et de garnisaires. Ils ne songent pas que les manufactures sont restreintes, ainsi que le commerce, par la ruine des propriétaires et des consommateurs.

Sans doute il y aurait de l'imprudence à renverser tout-à-coup cet édifice monstrueux; mais vouloir le soutenir long-temps, mais supposer qu'on peut l'améliorer sans s'écarter des principes qui l'ont établi, c'est une erreur funeste, qui arrêterait sans cesse le développement de l'industrie et de la richesse nationale.

Telle est en France la puissance des hommes intéressés au maintien des abus; telles ont toujours été leurs intrigues, que la vérité, sur-tout en matière de finance, n'approchera jamais du trône ni du public, si le gouvernement ne montre pas un désir continuel, que les ténèbres de l'administration soient dissipées par un examen journalier.

Nous ne devons pas oublier que les intentions des plus grands rois, que les soins des meilleurs ministres sont devenus inutiles en France, par l'opposition constante des intérêts individuels.

Sully lui-même aurait échoué dans tous ses plans, s'il n'avait pas été soutenu par l'opiniâtreté de son caractère et par la confiance du meilleur maître.

Colbert, intègre, laborieux, fut entraîné dans une suite épouvantable de prodigalités et d'entreprises ruineuses. On connaît les fautes financières de la régence.

Tous les ministres de Louis XV et de Louis XVI furent humiliés, découragés par les difficultés que faisaient naître les subalternes.

Les fermiers-généraux et les commis étaient les maîtres du royaume, et faisaient des lois au Monarque.

Depuis cette époque, les agioteurs ont renversé l'assemblée constituante, la convention, le directoire, enfin le gouvernement qui vient de s'écrouler, allait périr par le résultat de ses extravagances fiscales.

Ce n'est donc que la sagesse du Prince, jointe à l'instruction du public, qui peut donner à l'administration des finances, l'ensemble, la modération et la prévoyance sans lesquelles elle ne saurait s'améliorer.

Rien n'est plus facile que de faire des projets et d'établir des chiffres pour des revenus; mais lorsque l'on ignore les facultés des contribuables, que l'on ne connaît ni ce qui peut les diminuer ni ce qui doit les accroître, il est impossible de se faire une idée juste des moyens de créer et de conserver la fortune publique.

Nos administrateurs, sans se mettre en peine de l'état de l'industrie nationale, de la balance du commerce ni de l'effet des taxes qu'ils proposent, ne songent qu'aux moyens d'obtenir un excédent de recette sur la dépense. Ils ne voient pas que les caisses multipliées, que les receveurs inutiles, que les anticipations sont une des principales causes de la faiblesse de nos moyens financiers, et que les véritables bases de la force du gouvernement ne peuvent consister que dans sa justice, dans la réduction des dépenses superflues, dans la suppression de tous les emplois inutiles, et sur-tout des emplois qui tourmentent l'industrie ; dans la circulation des capitaux actuellement improductifs, dans toutes les améliorations légitimes du revenu public, c'est-à-dire dans la conversion des taxes onéreuses en impôts, qui ne portent réellement que sur les facultés, enfin dans le crédit qui résulte d'un ordre sage et invariable.

Au lieu de réfléchir sur les vrais moyens

d'établir la prospérité publique ; il semble qu'on ne songe en France, qu'à soutenir tous les abus qui détruisent nos richesses naturelles.

Dans le système actuel, comme dans notre ancien système, on veut toujours associer les contributions directes aux contributions indirectes : c'est vouloir unir le feu et l'eau ; c'est après avoir coupé les veines à l'industrie, vouloir trouver de l'argent dans les poches vides des contribuables; c'est, en un mot, faire ce qui est contraire à tous les intérêts. On va même plus loin aujourd'hui ; non seulement on veut forcer la contribution foncière par des centimes additionnels, qui bientôt n'auraient plus de bornes, mais, qui plus est, on annonce l'intention de conserver et d'étendre l'odieuse administration des droits-réunis, sans nous faire entrevoir la possibilité de se passer des commis qui perçoivent les droits, *ce qui serait pourtant très-facile.*

L'horreur qu'inspire cette administration, s'est prononcée même sous la tyrannie ; elle a éclaté par-tout, dès que la France eut l'espoir de rentrer sous l'autorité paternelle de la maison de Bourbon. Peut-on aujourd'hui conserver et augmenter cet impôt, sans hasarder la tranquillité publique ?

Les comptes de l'administration des droits-réunis, attestent que ses dépenses *avouées* s'élevaient au tiers des produits; et qui pourrait estimer les pertes qu'elle occasionne aux contribuables par ses saisies, ses procédures, ses amendes, ses capitulations secrètes?

Qui pourrait calculer le mal qu'un tel impôt fait à la morale publique, lorsqu'elle est encore poursuivie par l'influence des loteries, des maisons de jeux, des droits de greffe, et par un système général de prohibition et de privilége, qui place sans cesse les intérêts du gouvernement en opposition avec ceux des sujets?

Entre la suppression de ces impôts funestes et leur existence actuelle, nos financiers n'aperçoivent presque jamais qu'il peut y avoir un terme moyen dans la modération et dans la régularisation de la taxe, jusqu'à ce qu'on puisse la supprimer. Au milieu de leur cabinet, ils ne cessent de nous dire que nos maux sont faciles à réparer, que nos ressources sont immenses, que la France peut se passer de toutes les nations; mais quand on veut examiner leurs projets, leurs moyens d'exécution, on ne trouve rien d'exact, rien de positif, rien de bien adapté aux circonstances, et le dégoût s'empare de l'auditeur ou du lecteur.

Un bon système de finances, on ne saurait trop le dire, doit animer l'agriculture, les manufactures et le commerce, par une vive circulation des richesses; il ne doit peser ni sur les propriétés, ni sur les personnes, ni sur les capitaux, ni sur le travail, *il ne doit porter enfin que sur les facultés des contribuables.*

Quelle est la meilleure mesure de ces facultés? *c'est la consommation.*

Quel est le moyen d'atteindre les consommateurs sans rigueur et sans frais? *c'est de taxer légèrement toute espèce d'industrie, sauf à restituer au commerce, par des primes et autres moyens d'encouragement, toutes les avances qu'il aurait faites sur des objets d'industrie destinés à l'exportation.* Dans cet état, si le débitant fait l'avance d'une partie de l'impôt, *il en est journellement remboursé par le consommateur.*

Voilà les principes sur lesquels est établie la prospérité de l'Angleterre, *si peu connue par nos écrivains;* voilà les idées sur lesquelles l'ancienne administration des Etats de Languedoc avait créé l'impôt de l'équivalent, ainsi que les encouragemens pour les manufactures de la province.

Voilà comment les Etats de Bretagne avaient allégé leurs contributions directes, par la ferme des droits.

Voilà enfin le seul moyen d'animer rapidement l'agriculture, les fabriques et le commerce.

On ne peut pas sans doute changer notre système financier en un jour; *toute amélioration doit être préparée d'avance :* à peine dans ce moment peut-on faire face aux dépenses les plus urgentes.

La liquidation des dettes du gouvernement, que la main du ciel a détruit, doit augmenter encore l'embarras de la situation actuelle; cependant la possibilité d'épurer ces créances, la justice d'examiner toutes les inscriptions de faveur que l'on a ajoutées au grand livre de la dette publique; *la possibilité d'éteindre tout l'arriéré et même toute la dette transmissible,* par l'aliénation d'un capital immense, *qui est presqu'onéreux pour l'Etat;* la facilité d'améliorer quelques branches des revenus publics; enfin l'ordre et l'économie que le Roi a toujours su mettre dans ses affaires, doivent donner des moyens suffisans pour atteindre l'époque où la France, reposée par la paix, enrichie par l'industrie de ses peuples, aura une aisance dont elle est privée depuis si longtemps.

Pour se faire une idée juste des moyens actuels et des moyens futurs, jetons les yeux sur les taxes existantes, sur celles que l'on propose de conserver, d'augmenter ou d'établir, et sur les améliorations que l'on pourra espérer bientôt dans notre système financier.

ÉTAT ACTUEL DES CONTRIBUTIONS.

Contribution foncière.

La contribution foncière est l'impôt établi sur les terres par l'assemblée constituante. Cette assemblée, dirigée par les économistes, a fait tant de fautes, que l'on ne doit pas être surpris qu'elle se soit égarée sur des matières entièrement hors de sa portée.

Les économistes sont connus dans toute l'Europe par le ridicule de leur système ; l'expérience a prouvé que leurs idées sur le partage des terres, et sur l'impôt unique, étaient entièrement destructives de la prospérité d'un grand Etat ; cependant cette secte conserve en France toute son influence ; elle parle tous les jours par la voix des ministres, par celle des législateurs, et peu de gens remarquent que c'est des principes parmi nous appelés *économiques*, que sont dérivées les maximes des jacobins.

Il faut rendre justice aux fondateurs de la secte, leurs intentions étaient pures; mais ces hommes, sans expérience en administration, ne virent jamais que leurs idées étaient inexécutables, et le public, trop peu disposé à réfléchir sur ces matières, laissa triompher des erreurs qui devaient devenir si funestes.

Les économistes avaient d'abord résolu de mettre un impôt de 300 millions sur les terres, mais l'assemblée réduisit cette somme à deux cent quarante millions, dont une grande partie n'aurait jamais été payée, sans le secours des assignats.

Le rapporteur du comité des finances prétendit qu'en imposant 300 millions sur les propriétaires fonciers, c'était leur accorder une véritable diminution, puisque les droits supprimés et remplacés par la contribution foncière, s'élevaient à 313,858,733 francs; la vérité était cependant que les vingtièmes, les tailles et les décimes ne se portaient en 1789, suivant M. Necker, qu'à 139,416,179 francs; mais dans leur ardeur pour la suppression de tous les impôts indirects, premier moyen employé par les révolutionnaires pour séduire le peuple des villes, ils crurent ne pouvoir assez taxer les habitans des campagnes, sauf à les exempter du paiement des rentes territoriales, et sauf à laisser répartir cette somme de 240 millions, de manière à augmenter sans mesure la quote de tous les grands propriétaires.

Le calcul du rapporteur était si prodigieusement extravagant, qu'il mettait en ligne de compte les dégâts causés par le gibier, et les procès pour frais de chasse, pour quinze millions; les collectes des ordres mendians, pour huit millions, enfin, la dîme pour cent millions, sans songer que la dîme et les droits féodaux étaient des propriétés particulières, que leur destruction ruinait un grand nombre de familles, et que c'était ainsi le comble de la folie, que d'envisager cette suppression comme un motif d'augmenter de plus de cent millions la taxe sur les terres.

Indépendamment de son énormité, la contribution foncière conserva le vice originaire de la taille, c'est-à-dire qu'elle fut déclarée proportionnelle, suivant la funeste habitude des financiers français, de taxer les propriétaires et les cultivateurs en proportion de leur industrie et de leurs améliorations, et non en raison du revenu de la terre, évaluée modérément, et fixée d'une manière invariable ; voilà ce qui a toujours distingué la taxe sur les terres en Angleterre, de nos tailles arbitraires et de notre contribution foncière *progressive.*

On devait s'attendre qu'un impôt aussi énorme, aussi mal établi, produirait de grandes réclamations ; elles furent si vives, que les différens corps législatifs réduisirent successivement cette taxe à deux cents millions en principal, dont vingt-quatre millions à-peu-près furent répartis sur la Belgique, la Savoie et le comté de Nice.

Malgré ces adoucissemens, les frais de contrainte en l'an 7 s'élevèrent à plus de 50 millions. Ce fait épouvantable a été révélé à la tribune du conseil des cinq-cents, dans le rapport fait par Arnoult, dont l'exactitude ne peut être contestée. L'ex-ministre Ramel, sans démentir ce fait *à peine croyable,* nous a donné lui-même, dans ses écrits, les plus fortes preuves de la légèreté qui avait présidé à l'établissement et à la répartition de la contribution foncière ; il nous a rappelé que l'assemblée nationale *adopta, sans discussion,* cette répartition dans la séance du 27 mai

1791, *parce que les circonstances ne lui permirent pas de perfectionner son ouvrage.* On promit, il est vrai, des dégrevemens; mais dans l'impossibilité de les accorder, après avoir décrété que la contribution foncière serait le sixième du revenu net du territoire, l'assemblée déclara successivement qu'elle serait considérée comme le cinquième, et enfin qu'elle pourrait s'élever jusqu'au quart.

L'idée de soulager l'agriculture ne pouvait entrer dans l'esprit de ces hommes ignorans, généralement dénués de propriétés foncières. On vit même, à plusieurs reprises, sous le directoire, que les membres de la commission des finances voulaient pressurer les propriétaires.

Il faut, disait à la tribune un de ces profonds politiques, *prendre l'argent qui est dans la poche des cultivateurs.*

Cette idée n'excita aucune désapprobation, et l'on vit bientôt augmenter l'impôt territorial. Sous le gouvernement de Buonaparte, les ministres protestaient, au renouvellement de chaque budget, que les contributions ne seraient point augmentées; mais par le secours des centimes additionnels et par une foule d'extorsions, sous le nom de réquisitions, de taxes départementales, etc., ils étaient parvenus à doubler les charges qui pesaient depuis 1791 sur l'agriculture.

L'abus de ces centimes était poussé si loin, qu'au lieu de vingt centimes que l'on avait joint en 1799 au principal de la contribution foncière, la plupart des départemens se sont trouvés taxés, pour 1814, *à cent seize centimes*, c'est-à-dire à plus du double du principal de la taxe.

Il importe fort peu sans doute aux contribuables de payer sous une dénomination ou sous une autre; mais il importe beaucoup à la trésorerie que l'effet de ces dénominations soit clair, pour éviter les désordres qui suivent les taxes secrètes. L'établissement des centimes est bien loin de cette clarté; les émargemens qu'ils occasionnent aux rôles des communes sont une source de concussions pour les percepteurs; la plupart des contribuables ne voyant que des chiffres, ne sont pas à même de vérifier le montant de leur cotisation. Les préfets, tentés par la facilité de ces additions, sollicitent, et obtiennent beaucoup trop aisément des augmentations de centimes ; le ministre des finances, à son tour, croit déguiser ainsi l'accroissement des taxes ; enfin, le versement de ces centimes à la trésorerie, le met à même de faire de grandes distributions de faveur, et d'arranger à-peu-près, comme bon lui semble, la comptabilité de cet énorme produit.

La répartition actuelle de cette contribution foncière, ainsi surchargée, est si fautive, que le sieur Hennet, premier commis des finances, directeur-général du cadastre, avoue, dans un Mémoire imprimé le 15 avril 1814, que des propriétaires payent pour cette contribution, *la moitié de leur revenu*, tandis que d'autres ne payent *que le centième.*

Dans cet état de choses, qui pourrait croire que le baron Louis, ancien ministre des finances, ait proposé de conserver tous les centimes extraordinaires pour 1814, et qu'il ait demandé soixante centimes pour 1815, en déclarant au Roi, dans un rapport annexé aux deux budgets, que la contribution foncière, *singulièrement perfectionnée dans sa répartition*, a toujours été recouvrée avec exactitude, et qu'il n'y a ainsi à craindre ni surcharge ni plainte.

Comment ce ministre n'a-t-il pas vu que cette taxe, en y ajoutant encore dix centimes pour les dépenses des communes, ou pour les remises des percepteurs, allait devenir tout-à-fait intolérable? comment peut-il appeler cette contribution destructive, *un impôt approprié aux habitudes et aux facultés des contribuables?*

Comment n'a-t-il pas vu que cet impôt dessèche l'agriculture, source de tous les revenus, qu'il détruit d'avance le produit des contributions indirectes, et que d'en parler d'une manière aussi étrange, c'est aliéner tous les hommes éclairés, c'est montrer que les leçons de l'expérience ne sont rien pour nous ?

Proposer de surcharger les terres au moment de la paix, est une idée qui ne serait pas venue, même au gouvernement impérial. Malgré son ignorance en matière d'administration, il avait fini par comprendre qu'il fallait se hâter de diminuer la contribution foncière, et l'on assure que le plan en était arrêté avant la campagne de Moscou.

Chacun sent si bien que cette taxe épouvantable détruit la richesse nationale, que l'on propose sans cesse de la diminuer et de la régulariser : les uns, pour y parvenir, demandent un cadastre général; les autres, d'établir cet impôt d'après la valeur capitale des propriétés; d'autres croient que l'on peut le remplacer par une dîme ; un membre de l'avant-dernière chambre des députés, a prétendu enfin qu'il fallait établir la contribution foncière sur la base de la population de chaque pays. Ces bévues, qu'on ne prendrait seulement pas la peine de discuter dans les Etats où la science financière a fait de véritables progrès, se renouvellent sans cesse en France.

J'ai combattu toutes ces erreurs dans le chapitre des finances de mes *Considérations sur l'organisation sociale*, et je crois avoir démontré que la contribution foncière n'étant susceptible d'aucune régularisation effective, et détruisant toutes les sources de revenus publics, il fallait la supprimer graduellement, *en suivant l'exemple de l'Angleterre.*

Une longue expérience nous a prouvé, et nous prouve chaque jour, que tous nos procédés pour perfectionner cette contribution sont tout-à-fait absurdes.

Entr'autres preuves, il suffira de citer l'étrange moyen que l'on emploie pour les dégrevemens que la plus forte évidence oblige quelquefois d'accorder.

Dès l'instant que le nom d'un individu est

inscrit au rôle, que ce soit par méprise, double emploi ou surtaxe manifeste, le percepteur a droit de le contraindre à payer. L'individu désigné n'a d'autre ressource que de se pourvoir devant le sous-préfet, dans les trois mois de la mise en recouvrement ; il faut même qu'il ajoute à sa pétition sur papier timbré, la quittance de tous les termes échus ; et, dans tous les cas, il faut qu'il paye toute la taxe de l'année, parce que la remise ou la modération n'est applicable qu'à l'année suivante. Alors même, s'il ne s'agit que d'une modération, la somme du dégrevement est rejetée sur toute la commune, en sorte que le propriétaire dégrevé paye une partie de son dégrevement personnel.

Les résultats de cette forme de procéder sont si étranges, qu'indépendamment de l'injustice de faire payer par avance une surtaxe reconnue, on peut prouver que des propriétaires dégrevés à plusieurs reprises, n'en ont pas moins été cotisés à-peu-près à la même somme, et que beaucoup d'individus payent dans plusieurs communes pour des biens détruits par des ravines, des sappemens de rivière ou des incendies.

Cette taxe se porterait pour 1816, suivant

le projet du budget du ministre des finances, à 258,198,000 francs : il y a lieu de croire que la répartition de cet impôt est en outre habituellement forcée dans les départemens; mais en s'en rapportant aveuglément aux comptes du ministre, il faudrait ajouter les frais de perception et de contrainte, qui s'élèvent à des sommes immenses.

Nous ne cesserons de le répéter, tant que la contribution foncière existera, elle privera l'agriculture de toute grande amélioration, elle éloignera les capitalistes du désir de placer leur argent en fonds de terres, et rendra le sort des propriétaires français très-inférieur à celui des propriétaires de l'Angleterre, des Etats-Unis, de la Pologne, de la Russie et des côtes de Barbarie, etc. etc., *ou ce genre d'impôt n'existe pas.*

Il est étonnant que les ministres ne soient point frappés du tableau que présente sans cesse le malaise des propriétaires français, et qu'ils n'aient pas senti que la contribution foncière est une des principales causes de la misère d'un peuple laborieux qui possède un sol et des produits variés.

Pour que la France sorte de sa détresse, pour que ses finances puissent être bien administrées, et que le gouvernement ait toujours des ressources suffisantes, il faut que toutes les taxes directes soient graduellement supprimées; alors le gouvernement, au lieu de perdre ses revenus par cette suppression, les verra augmenter journellement d'une manière incalculable, par la hausse de la valeur vénale du territoire, par les progrès de l'agriculture, des manufactures et du commerce, qui sont toujours la suite de l'augmentation des facultés des propriétaires.

Dans ce moment, les circonstances sont trop pressantes pour commencer cette opération, mais l'on peut et l'on doit supprimer tout de suite les centimes additionnels, à l'exception de ceux absolument nécessaires pour acquitter les frais de perception et les petites dépenses locales, parce que les centimes sont une source inépuisable d'abus.

Contribution personnelle et mobilière.

Il est impossible de se faire une idée de l'arbitraire et des non-valeurs qui suivent cet impôt. Le ministre des finances propose cependant de le porter, pour 1816, à 40,933,500 fr.

Rien n'est absolument plus effrayant que l'idée de répartir une somme aussi considérable, d'après les facultés présumées de vingt-cinq millions d'individus.

Depuis son établissement, la contribution personnelle et mobilière a été sans cesse considérée comme une taxe qu'il faut détruire; les besoins de la guerre l'avaient fait augmenter, mais on ne devait pas s'attendre que le ministre voulût perpétuer cette augmentation. La somme qu'il espère retirer de cet impôt est beaucoup trop forte; mais nous montrerons qu'en changeant le mode de la répartition, il serait possible de conserver momentanément une partie de cette taxe. Nous ne l'évaluerons ici que pour 27 millions.

Portes et fenêtres.

Le ministre considère cet objet, en 1816, pour 14,181,000 francs.

La répartition de cet impôt est extraordinairement vicieuse; mais je crois avoir démontré, dans mes *Considérations sur l'organisation sociale*, que l'on peut améliorer cette répartition, ce qui, en soulageant les contribuables, augmenterait beaucoup le produit de la taxe.

Les maisons pourront supporter un impôt de 40 millions, si l'on supprime graduellement la contribution foncière ; cependant nous n'évaluerons la taxe qu'à 30 millions : il y a lieu de croire qu'elles payent dans ce moment une somme supérieure en portes et fenêtres, centimes, etc.

Patentes.

Le budget porte cet objet à 16,187,000 fr. : il est douteux que cette faible somme puisse être acquittée par le commerce dans la forme que l'on emploie pour l'obtenir ; mais il est très-évident que dès que le gouvernement aura délivré l'industrie des chaînes de la fiscalité, les individus qui exercent une profession quelconque, pourront payer des taxes beaucoup plus fortes, *sans qu'il leur en coûte rien, parce qu'ils répéteront ces taxes, comme en Angleterre, sur les consommateurs.*

Enregistrement et domaine.

Le ministre évalue cette partie du revenu public à 136 millions pour 1816.

Si l'on considère le produit des années précédentes, la diminution de la valeur vénale du territoire, et l'effet que doit produire la vente contre argent des biens des communes, ainsi que celle d'une partie des bois de l'Etat, on doit craindre qu'il y ait un très-grand déficit dans cette évaluation ministérielle ; cependant, comme l'administration de l'enregistrement est généralement bien dirigée, et qu'il est facile de remédier à ses défauts, par quelques modifications dans les droits fixes et dans les tarifs, il y a lieu de croire que cet impôt produirait immensément, si le reste de l'administration financière était établi d'après les principes que je vais développer.

J'évaluerai donc, avec d'autant plus de confiance, l'enregistrement et les domaines conformément à l'estimation du ministre, que les diminutions que je propose dans les contributions directes, augmenteraient nécessairement le produit des contributions indirectes.

Bois.

Cet article est porté dans le budget de 1816, pour 20 millions.

Cette somme paraîtra bien faible, si l'on considère que les frais de la régie s'élèvent à 6 millions, et que cette régie administre deux millions d'arpens métriques de forêts, qui, dans les mains du public, donneraient un revenu de plus de 80 millions.

La multiplicité des agens, les dilapidations de tout genre, les intrigues secrètes et inévitables dans les ventes, sont les causes de ces prodigieuses non-valeurs ; au surplus les forêts sont une ressource immense avec laquelle l'Etat peut se délivrer de toute la partie *légitime* de l'arriéré *et même du capital de la dette transmissible.*

Pour obtenir ces grands résultats, ce n'est pas contre de l'argent qu'il faut vendre les forêts, comme l'avait proposé le baron Louis ; on n'obtiendrait, comme cela est arrivé, qu'un très-funeste agiotage, qu'une nouvelle diminution de la valeur vénale du territoire, et que la perte d'une partie des produits de l'enregistrement. Il faut aliéner ces forêts contre des bons de compensation *qui ne puissent avoir d'autre emploi.* Dès-lors l'opération sera prompte, simple, facile ; il n'y aura plus d'agiotage à craindre, le gouvernement sera délivré de l'administration forestière, et le sol des forêts placé dans la circulation, produira bientôt à l'Etat, par des contributions et par des droits de mutation, des revenus égaux et peut-être supérieurs à ceux qu'il tirait de la propriété de ce sol.

Le ministre actuel paraît avoir apprécié

cette idée, si souvent manifestée dans mes écrits imprimés; mais il détériore ce plan si simple, en exigeant le paiement du cinquième du prix des bois en numéraire.

Cette condition ralentira la vente, soutiendra la baisse de la valeur vénale du territoire, et nous ramène les agioteurs. De quoi s'agit-il? de payer la dette; les bois remplissent parfaitement cet objet sans un écu, par l'intermédiaire des bons de compensation, *dès qu'ils sont seuls admis en paiement.*

Le numéraire est trop rare en France; il ne faut donc pas le détourner de la circulation ordinaire, *sous peine de déranger les affaires publiques et privées.*

Douanes.

Le ministre évalue leur produit à quarante millions, c'est le double de l'année dernière. C'est-à-dire que l'on se propose de persévérer dans le système prohibitif qui nous ruine et nous sépare des autres nations, *dont il faudrait au contraire se rapprocher par de bons traités de commerce.*

La valeur que conservent dans ce moment les denrées coloniales, prouve que les tarifs des douanes n'ont pas été réduits comme ils devraient l'être; c'est un mauvais calcul. La hausse des tarifs, en fait de douanes, n'est qu'une prîme accordée à la contrebande; dans cet état de choses, l'état gagne peu, et le consommateur est opprimé (1).

Sels.

Le ministre évalue le produit de l'impôt sur le sel, pour 1816, à 35 millions. Cette évaluation est d'autant plus faible, qu'il ne porte les salines de l'Est que pour 2 millions. La taxe, à deux sols par livre de sel, doit donner au moins 50 millions.

Droits sur les boissons.

Le budget de 1815 portait ces droits a 55 millions. Cet article est maintenant confondu dans le budget de 1816, dans l'article général

(1) J'ai entendu dire à un ministre, que les douanes avaient produit l'année dernière, plus du double de l'évaluation ministérielle. Toutes les personnes qui entouraient le ministre parurent enchantées de ce fait, et personne ne vit que l'augmentation du produit des douanes en France, *n'attestait que l'augmentation des importations, c'est-à-dire, une plus grande exportation de notre numéraire.*

intitulé : *Droits généraux*, évalués en total à 110 millions. Il est évident que ce grand article demandait plus de détail, et que le ministre veut étendre et rendre plus sévère la perception des droits-réunis. Les besoins de l'Etat exigent peut-être un plus grand produit, mais je crois pouvoir affirmer qu'il serait possible de lever 70 millions sur les boissons, *en délivrant la perception de cet impôt de tout excès*, si le mode de perception était plus raisonnable. Il est difficile de pousser plus loin l'oubli de toutes les idées saines, qu'on ne l'a fait en France lors de l'établissement des droits-réunis ; il semble que l'on n'ait eu en vue que de tourmenter le peuple et de soudoyer des commis ; il ne paraît pas que l'on ait cherché sérieusement a remédier à ces inconvéniens, car il est difficile de supposer que l'ignorance seule soit la cause des désordres dont toute la France se plaint.

En discutant les bases du budget que je placerai à la fin de ce chapitre, je montrerai que le remède à tant de maux, indiqué par moi en 1802, est encore plus facile aujourd'hui.

Tabacs.

L'impôt sur le tabac est sans contredit une

des plus heureuses inventions de la fiscalité ; on avait cependant abandonné cette ressource en France ; le besoin a forcé d'y revenir, mais les opérations du gouvernement ont été si mauvaises à cet égard, qu'après avoir été longtemps la dupe des manufacturiers de tabacs, il s'est vengé sur les cultivateurs, et qu'il a fini par établir un monopole insensé.

Les tabacs, objet de pure fantaisie, peuvent très-bien supporter une taxe de 60 millions, et produire, qui plus est, un article important de notre commerce d'exportation. Je ne les ai évalués qu'à quarante, ce qui est moins que le produit ancien, et l'on ne peut comprendre que le ministre ne les estime pour 1816 qu'à 37 millions.

RECETTES DIVERSES.

Postes, loteries.

Le ministre évalue pour 1816, la loterie 7 millions, les postes 14 millions, les recettes diverses et accidentelles 6 millions. L'intérêt de la morale exige la suppression de la loterie qui ne produit presque rien. Les postes seront également une beaucoup plus faible ressource, tant que le système général de nos finances détruira la circulation. Quant aux recettes diverses et accidentelles, elles n'ont jamais produit 6 millions ; ainsi ces trois articles sont fort exagérés.

En résumant les observations précédentes, en jetant les yeux sur tous les comptes publiés par les ministres depuis 1786, il ne paraîtra pas douteux que le ministre actuel n'a pas suffisamment calculé l'effet ni les produits des taxes qu'il propose de conserver et d'augmenter.

Nous ne nous permettrons pas d'examiner le budget des dépenses de 1816, nous observerons seulement que l'article de la chambre des pairs et celui de la chambre des députés forment ensemble un objet de 2 millions 700 mille francs. Les fonctions législatives ne seront éminemment honorables que lorsqu'elles cesseront d'être lucratives : tant qu'on y attachera des émolumens, elles n'exciteront que des intrigues dangereuses pour la tranquillité de l'Etat.

La dépense des divers ministères est sans doute susceptible d'être considérablement réduite ; mais comme ces réductions ne doivent s'opérer qu'avec le temps, on doit s'en rapporter, à cet égard, à la sagesse du chef de l'Etat.

Le ministère des finances est à cet égard un de ceux qui exigent le plus d'attention ; il est difficile de comprendre que les frais de ce ministère, qui n'a pour objet que de salarier des commis, soient portés dans le budget pour l'énorme somme de 16 millions. Si l'on compare l'état actuel avec les états précédens, on sera convaincu qu'il est possible de réduire cette dépense de plus de moitié ; on en verra la preuve à la fin de ce chapitre, dans l'examen des dépenses.

Un article qui n'est pas moins choquant est celui des frais de négociation porté à 12 millions pour 1816. Si la trésorerie était conduite sur des principes plus convenables, cette dépense serait entièrement inutile, on pourrait la supprimer dès la fin de cette année ; mais même en conservant tous les abus actuels, les frais de négociation ne devraient pas excéder 2 millions.

Il n'est pas moins étonnant de ne trouver dans les budgets du ministre aucun article pour les dépenses imprévues, objet toujours considérable, et qui peut jeter le plus grand désordre dans le gouvernement, lorsqu'il n'a aucun fonds de réserve à sa disposition.

Pour ne pas répéter dans ce chapitre ce que

nous avons dit dans plusieurs ouvrages sur les abus qui existent dans l'administration des finances, nous nous bornerons à indiquer les moyens faciles d'établir un ordre réel dans la législation financière et dans l'établissement des contributions nécessaires au soutien de l'Etat.

Il faut d'abord se bien pénétrer des principes suivans :

1° L'administration des finances doit être simple, délivrée de tous les commis inutiles, et sa comptabilité doit être positive, claire, indépendante du ministre ;

2° Les dépenses de tous les ministères doivent être réduites avec une sage économie ;

3° Les impôts ne doivent porter que sur les facultés réelles.

Ces principes posés, nous allons établir le budget de 1816.

Le budget des recettes de 1816 ne doit être considéré que comme transitoire ; il sera ainsi susceptible des changemens que les circonstances impérieuses pourraient exiger, mais il doit poser les principes et montrer dans l'avenir l'abandon du funeste système dont la France est depuis si long-temps la victime.

Nous fixerons par aperçu, les besoins de la

trésorerie pour 1816, à 800 millions, suivant le dernier état des ministres. Ces dépenses pourraient se borner aisément à 700 millions; mais en prenant une base plus forte, nous ne montrerons que mieux les ressources de l'Etat, et qu'il pourra bientôt se livrer à des entreprises vraiment utiles, telles que le perfectionnement de la navigation intérieure, si inutilement recommandé par Sully.

Contributions proposées pour 1816, *par l'auteur de cet écrit.*

Les opérations de finance ne devant jamais être faites avec précipitation, il est indispensable de conserver la contribution foncière pour l'année 1816; mais elle peut être réduite pour cette année à 200 millions; les centimes additionnels seraient supprimés en entier, et la trésorerie se chargerait de faire face à toutes les dépenses auxquelles il était pourvu moyennant ces centimes, à l'exception cependant des frais de perception et des frais de commune, pour lesquels il serait permis d'imposer à concurrence de *huit centimes seulement.*

Le ministre actuel évalue la contribution foncière à 258,198,000 francs; il y aurait ainsi un soulagement effectif de 58,198,000 francs pour l'agriculture.

En 1817, cette contribution serait réduite à 120 millions, ce qui produirait encore un soulagement de 80 millions ; en 1818, elle serait encore réduite de moitié, et en 1819, elle serait totalement supprimée.

Pour peu que l'on réfléchisse sur les immenses avantages de cette suppression graduelle, on sera convaincu *que l'intérêt du fisc l'exige encore plus impérieusement que l'état actuel des contribuables.*

Contribution personnelle.

Cette contribution demande aussi à être supprimée graduellement et dans la même proportion que la contribution foncière. C'est, après la loterie, le plus mauvais genre d'impôt ; cependant nous la considérerons, pour 1816, comme une ressource de 27 millions. Le ministre l'évalue à 40,933,500 fr. ; il y aurait ainsi un soulagement effectif de 13,933,500 fr. pour les sujets du Roi.

Ce soulagement serait encore bien plus grand en adoptant la répartition suivante : Chaque individu au-dessus de quatorze ans paierait vingt sous, ceux qui seraient au-dessous de cet âge ne paieraient que dix sous, et tout individu qui n'aurait ni propriété, ni industrie régulière, serait exempt de la taxe. On formerait ensuite dans chaque municipalité, un tableau gradué suivant les facultés particulières, et chaque contribuable serait tenu de se placer dans la classe à laquelle il appartient : un comité de vérification examinerait ce tableau dans chaque commune; et dans le cas d'une fausse déclaration, le comité aurait le droit de doubler la taxe pour une année seulement, sauf l'appel devant le conseil de préfecture, dont les décisions en ce genre *seraient collectivement publiées et affichées.*

Il y a lieu de croire que la légèreté de la taxe, la crainte du doublement et celle de la censure publique, engageraient la plupart des contribuables à ne plus éluder le paiement de cet impôt momentané.

Portes et fenêtres.

Cet impôt est horriblement réparti ; il suffirait, pour l'améliorer, d'établir un tarif raisonnable; dix sous dans les campagnes et 5 fr. dans les plus beaux quartiers des villes principales , seraient des données qui produiraient probablement l'effet qu'on doit en attendre.

Il est évident que la valeur locative des maisons en France est de 400 millions au moins, en ne comptant que 6 millions de familles, et en n'évaluant le loyer de chaque famille que de 60 à 70 fr. Il y a lieu de croire que ces maisons supportent dans ce moment plus de 40 millions d'impositions sous différentes dénominations; nous proposerons de les taxer, pour 1818, à cette somme, qui ne serait que le sixième de leur valeur locative. Nous proposons cette taxe avec d'autant plus de confiance, que les propriétaires la répètent aisément sur les locataires, et que cet impôt atteint conséquemment les facultés plus que les choses.

Dans ce moment, le ministre des finances n'évalue la taxe des portes et fenêtres, pour 1816, qu'à la faible somme de 14 millions 181 mille francs. Nous présumons qu'il doit y avoir erreur dans son calcul.

Cette taxe avait été considérée dès son origine, comme un objet de 20 millions; elle a été fort augmentée dès la seconde année, et nous croyons qu'il est d'autant plus facile d'en retirer 30 millions en 1816, que la contribution foncière serait considérablement allégée dès cette même année.

Patentes.

Les patentes sont si mal établies, qu'il n'est pas étonnant qu'elles soient l'objet de beaucoup de réclamations, et que plusieurs de nos financiers aient proposé de détruire cet impôt ; cependant c'est la seule bonne opération que l'assemblée constituante ait faite en finances. Il est clair que le contribuable fait seulement l'avance de cette taxe, et qu'elle est répétée par lui sur les consommateurs. Il s'ensuit que cet impôt peut être augmenté dans la proportion de l'augmentation des consommations.

Comme les mots ont en France une très-grande influence sur les choses, nous proposerons de supprimer les patentes et de les remplacer *par un impôt de faculté*. Il y a lieu de croire que cet impôt, tel que nous allons le définir, produirait au moins 170 millions dès la première année, et que son produit s'accroîtrait rapidement par l'accroissement de la richesse nationale, qui serait le résultat nécessaire de la suppression graduelle des contributions directes, des droits-réunis, des patentes et de la loterie.

Pour bien concevoir la facilité d'établir cet impôt facultatif, pour montrer tous ses avantages, il faut rappeler que, même dans l'état d'appauvrissement où se trouve la France, on ne saurait évaluer la totalité du revenu national au-dessous de cinq milliards (1). Ce revenu est si mal cotisé, les richesses circulent si difficilement, et notre législation est si embrouillée, qu'il n'est pas surprenant qu'avec les ressources que la nature nous prodigue, le gouvernement soit pauvre et le peuple misérable ; mais dès l'instant que les contributions directes seront détruites, que nos lois commerciales seront améliorées, et que la trésorerie ne sera plus en proie à des légions de

---

(1) Ce serait à-peu-près 200 francs par tête, pour soutenir le gouvernement qui absorbe au moins le quart, et pour se nourrir, loger, chauffer, éclairer, etc. Ce n'est pas le tiers de la quote-part des Anglais dans leur revenu national. Je suis convaincu, d'après le produit de la taxe sur les revenus et l'augmentation journalière des consommations, que la quote-part du peuple anglais excède 700 francs tournois, sans compter les avantages immenses qu'il retire d'une circulation que l'on ne peut comparer à celle d'aucun autre pays.

commis et d'administrateurs, le peuple doit s'enrichir, et le gouvernement sortira de la gêne dans laquelle il est tenu par l'ensemble de nos institutions.

Alors le peuple français deviendra consommateur : au lieu d'être mal logé, mal nourri, mal vêtu, il profitera de sa nouvelle aisance pour améliorer sa situation, et bientôt il sera plus riche que le peuple anglais, dont les facultés sont dans ce moment si différentes des siennes.

Alors tous les impôts indirects donneront chaque jour une augmentation de produit, et la France reprendra la place qu'elle doit occuper dans le système politique de l'Europe.

Pour arriver à ces grands résultats, qui le croirait ? il ne s'agit que d'établir des corporations d'arts et métiers, *et de les charger de la levée de l'impôt.*

Cette idée n'est pas neuve, elle n'a que le mérite d'être généralisée; mais c'est parce qu'elle est simple, et qu'elle a l'appui de l'expérience, qu'elle doit frapper tous les bons esprits.

Il faudrait sans doute donner plus de développement à ce chapitre, pour ne laisser aucune objection à résoudre; mais sans entrer dans de trop longs détails, il suffira d'un exemple, pour montrer la possibilité d'établir cet impôt, qui peut remplacer en 1816 les patentes et les droits-réunis, et qui, par la suite, remplacerait la taxe sur les sels et même celle sur les tabacs.

Dans l'état actuel des choses, le ministre des finances estimait en 1815, qu'il fallait imposer 55 millions sur les boissons. Cette somme n'est pas la seule qui soit à la charge des contribuables dans l'administration des droits-réunis. Il faut encore que le public paye pour l'entretien des bureaux qu'elle a établi jusque dans les villages. Le peuple est rançonné par des amendes, par des capitulations secrètes, et lorsque l'on examine attentivement la marche de la régie, on est convaincu que ses employés coûtent à-peu-près autant que leur administration produit au trésor. Pour ne point être accusé d'exagération, je ne mettrai pas en ligne de compte cette horrible surcharge; je ne considérerai les droits sur les boissons, comme le ministre des finances, que pour une taxe de 55 millions. Il y a cependant lieu de croire qu'il espère en retirer 60 en 1816.

Il est très-facile de savoir par les données de la population et des octrois, quelle est la consommation habituelle de chaque lieu. Afin de parvenir à la répartition générale de cet impôt, je supposerai, pour un moment, que le contingent de la ville de Paris soit de 6 millions.

On a proposé, dans plusieurs villes, de payer cette taxe par des abonnemens; mais on a dû s'apercevoir que cette mesure, quoique très-préférable à celles de l'administration des droits-réunis, produirait d'assez graves inconvéniens et beaucoup de non-valeurs. Ces inconvéniens, ces non-valeurs cesseront d'être à craindre par l'institution des corporations.

D'après cette idée, tous les marchands de liqueurs fermentées ou non fermentées, seraient mis sous la direction de trois syndics qu'ils seraient tenus de nommer; ces syndics convoqueraient la corporation et délivreraient à chaque membre un bordereau divisé par colonnes, dans lequel chaque débitant serait tenu de se placer d'après la somme capitale employé dans son commerce, et d'après le produit présumé de ce capital.

Huit jours après la distribution de ces bordereaux, l'assemblée générale serait réunie pour en faire la lecture, et tous les membres absens qui n'auraient pas employé leurs bordereaux, seraient taxés par la corporation.

Les bordereaux vérifiés et rectifiés par douze prud'hommes adjoints aux syndics, le contribuable pourrait appeler au conseil de préfecture, mais la décision de ce conseil sera définitive.

Les bordereaux ainsi arrêtés, la répartition de la taxe se ferait au marc la livre, et chaque membre de la corporation serait tenu d'en payer deux douzièmes par forme de cautionnement.

On concevra sans peine que tous les membres de la corporation étant intéressés à l'exacte répartition de la taxe, et connaissant leurs facultés respectives, seront toujours les meilleurs juges de cette répartition, et qu'ils comprendraient très-aisément que cet impôt ne porte que sur les consommateurs.

La corporation, si la taxe renchérit la pinte de vin de quatre centimes, ne manquerait pas d'en demander cinq aux consommateurs; mais on ne doit cependant pas craindre qu'elle profite de l'établissement de cette taxe pour trop accroître ses profits, parce qu'il est bien connu que toutes les fois qu'un métier devient très lucratif, beaucoup de gens s'empressent de l'exercer, et que la concurrence des vendeurs tourne alors au profit des acheteurs.

On doit sentir que l'établissement de ces corporations n'a rien de commun avec les anciennes, et qu'il ne pourrait gêner l'industrie, puisque chaque individu aurait le droit de s'y faire admettre sans acheter aucune charge, sans payer même aucune patente, mais en remplissant seulement sa part des très-légères obligations de la corporation. On ne doit pas croire non plus qu'aucune corporation doive être forcée de lever la taxe ; c'est une préférence que le gouvernement doit leur accorder ; mais en cas de refus de la corporation, *ce qui serait tout-à-fait contraire à son intérêt*, le droit local serait affermé, d'après un tarif proposé par le préfet au ministre de l'intérieur.

Deux objections plus sérieuses se présentent. On nous dit sans cesse qu'en taxant les objets de consommation, on les renchérit, que ce renchérissement peut réduire le peuple à de grandes privations ; que ces taxes haussent le prix de la main-d'œuvre, et qu'elles nuisent par conséquent aux manufactures.

Sans doute, si le renchérissement était subit et considérable, l'industrie serait blessée, et le peuple se trouverait en souffrance; mais si la taxe est modérée et bien établie, elle ne produira point cet effet, elle produira plutôt l'effet contraire. Ceci peut paraître un paradoxe aux hommes qui n'ont pas approfondi les principes de l'économie politique; mais ceux qui l'ont bien étudiée sentiront toute l'exactitude de cette idée.

L'Angleterre est dans un état décisif à cet égard; tous les objets de consommation y sont taxés, il en est même qui paraissent taxés outre mesure; cependant, nulle part l'ouvrier n'est plus opulent, nulle part les objets manufacturés ne sont à un meilleur prix, et l'Angleterre vend dans toutes les parties de l'Europe des quantités prodigieuses de marchandises, *parce qu'elle les donne à des prix plus modérés que ceux des fabricans des autres pays*, ce qui ne pourrait être si les taxes renchérissaient trop les subsistances.

D'où vient cet état de choses? Il vient principalement de ce que l'impôt en Angleterre ne porte jamais que sur les facultés réelles; de ce que l'industrie nationale est soutenue par un système législatif et financier qui facilite la circulation des capitaux, encourage toujours l'industrie, et ne la laisse jamais opprimer.

Il est facile d'obtenir en France les mêmes résultats. Dès que l'agriculture sera délivrée des contributions directes et des prohibitions, le produit des terres augmentera d'une maniere prodigieuse; les denrées étant plus abondantes, *les marchés seront plus régulièrement approvisionnés*, et le prix de tous les objets sera constamment dans une exacte proportion avec le prix de la main-d'œuvre.

Dès que le commerce français ne sera plus opprimé par des taxes arbitraires, par des guerres continuelles, par des vexations administratives; qu'il sera soutenu par l'aisance publique, et que la circulation des richesses sera plus facile, il pourra donner ses marchandises à meilleur prix; et le négociant vendant beaucoup plus, pourra se contenter sur chaque vente d'un plus léger bénéfice.

L'impôt sur les consommations, lorsqu'il sera modéré et graduellement établi, ne pourra donc gêner le peuple.

Que l'on considère enfin que la société n'est composé que de deux classes, *les salarians et les salariés. Si l'on ruine la première, on ruine par conséquent la seconde ;* si au contraire les salarians ne sont taxés que d'après leurs facultés, l'industrie s'anime et les salariés prospèrent avec elle.

La seconde objection n'est pas mieux fondée. Si vous ne taxez, dit-on, que l'industrie manufacturière, les villes payeront presque tout, les campagnes ne payeront presque rien, et vous détruirez le commerce d'exportation des vos manufactures.

Il est démontré que l'on consomme en général selon ses facultés ; ainsi le propriétaire de terres ou le cultivateur en achetant un chapeau, un habit ou un objet quelconque, payeront dans la même proportion que le citadin : ils auront même des objets de dépenses inconnus à la plupart des habitans des villes. A la campagne, le charron, le forgeron, le menuisier, etc., etc., sont des ouvriers dont le travail s'exerce à chaque instant, et ces ouvriers seraient mis comme les autres en corporation. Les habitans des campagnes payeraient ainsi dans la proportion de leurs besoins et de leurs jouissances.

Quant aux objets exportés par des manufactures nationales, il est évident qu'ils ne doivent être soumis à aucune taxe, puisque le consommateur n'est pas Français, et que si on les taxait, ce serait accorder une prime aux manufactures étrangères; mais ici le remède est facile. Chaque fabricant, dans le bordereau *qu'il fournirait annuellement à sa corporation*, distinguerait la partie de son commerce d'exportation; cette partie serait exempte, ou la taxe serait restituée aux fabricans à la sortie des marchandises.

La chose la plus essentielle en matière de finances, est d'établir les contributions de manière à ce qu'elles ne puissent gêner l'industrie; or, de telle manière que l'on considère l'impôt que nous proposons de mettre sur les facultés, on sera forcé de convenir *qu'il ne pesera ni sur les personnes, ni sur les propriétés, ni sur les capitaux, et qu'il ne portera que sur l'aisance réelle des individus.*

Dans ce système, les débitans étant les receveurs particuliers de la taxe, qu'ils verseraient mois par mois entre les mains des syndics, aucun commis ne devient nécessaire, parce que les syndics verseraient eux-mêmes dans les caisses des receveurs de l'enregistrement; il n'y aurait ainsi que très-peu de frais de perception, et aucune tracasserie à craindre de la part des employés.

On doit apercevoir de plus que toute contrebande intérieure deviendrait impossible, parce que les débitans n'auraient plus d'intérêt à la faire, et qu'ils auraient au contraire un intérêt à l'empêcher.

L'impôt sur les facultés aurait encore l'avantage de délivrer l'Etat des priviléges qu'il s'est arrogé sur la vente des sels et sur celle des tabacs ; les débitans de ces denrées étant mis en corporation de manière à donner le revenu déterminé par le budget de chaque année, le commerce de ces marchandises deviendrait libre dans l'intérieur, et le peuple gagnerait tout ce que lui coûte le monopole.

Une considération importante se présente sur cet objet : les tabacs cultivés dans les provinces méridionales de France sont les meilleurs de l'Europe ; ceux des provinces du Quercy et de l'Agénois, sont égaux à ceux de Virginie, et ces tabacs pourraient non seulement nous délivrer du tribut que nous payons aux Américains, mais ils pourraient devenir, comme autrefois, un des principaux articles de notre commerce d'exportation.

Pour établir le privilége exclusif de la vente, il a fallu gêner la culture de cette plante précieuse. En laissant le commerce libre sous de légères modifications, la culture des tabacs se rétablirait, et ce serait une nouvelle source de richesses pour l'Etat, ainsi que pour les cultivateurs.

D'après ces données, *très-réfléchies*, on peut affirmer qu'il serait facile d'augmenter chaque année l'impôt facultatif de toutes les sommes que l'on cesserait de lever par des contributions directes, en l'étendant sur toute espèce de consommation et d'industrie: cependant, comme il est très-certain que la suppression de la contribution foncière, jointe à la liberté du commerce des grains, augmenteraient beaucoup la valeur vénale du territoire, *et par suite les produits de l'enregistrement*, il est probable que l'impôt de faculté pourrait, dans son ensemble, être d'une somme inférieure à celle que l'on veut lever pour 1816 sur les patentes, sur les sels, sur les boissons et sur les tabacs. Le peuple éprouverait ainsi très-promptement le soulagement qui résulterait de la suppression de toutes ces administrations fatigantes et ruineuses.

Enregistrement et domaines.

Le budget de 1816 évalue le produit de

l'enregistrement et des domaines à 136 millions : cette évaluation est trop forte dans l'état actuel. Cependant si le public était bien convaincu, par l'ensemble des opérations financières, que l'agriculture et le commerce seront délivrés de leurs chaînes, les capitaux se placeraient rapidement sur les terres, et le produit des droits d'enregistrement s'accroîtrait, comme nous l'avons observé, par l'augmentation de la valeur vénale du territoire.

La seule annonce de la suppression des contributions directes, jointe à la liberté du commerce des grains, élèveraient certainement dans peu de jours, la valeur des terres de plus de vingt-cinq pour cent ; et quels avantages cette hausse ne produirait-elle pas pour la richesse nationale !

La modération des tarifs de l'enregistrement serait encore un moyen certain d'augmenter les produits de cette administration.

Les droits de succession en ligne directe, demandent sur-tout une prompte diminution.

Les droits sur les échanges sont aussi beaucoup trop onéreux ; enfin les droits sur les hypothèques sont mal assis.

Avec quelques modifications, il serait facile

de faire disparaître la trop grande fiscalité qui accompagne les lois sur l'enregistrement.

Les droits de timbre sont également susceptibles d'être améliorés, et ces changemens favorables au public, ne le seraient pas moins à l'intérêt de la trésorerie : il y a lieu d'espérer ainsi que l'enregistrement deviendrait de jour en jour une ressource plus abondante. Nous ne la considérerons pas cependant en 1816, comme le ministre des finances, que pour 136 millions ; mais nous croyons pouvoir en évaluer le produit à une somme plus forte dans les années suivantes.

Bois de l'Etat.

Cet article n'est porté dans le budget de 1816, que pour 20 millions. Ce faible revenu représente l'intérêt d'un capital immense, qui est par conséquent fort à charge à l'Etat.

L'administration forestière régit, à ce que l'on assure, plus de deux millions d'arpens métriques de bois, sans compter ceux appartenant aux communes : cette grande propriété, divisée dans les mains du public, produirait évidemment, on le répète, un revenu plus que triple, et les contributions, les droits de mutations rendraient au gouvernement une grande partie du revenu qu'il abandonnerait en aliénant les forêts. Cette aliénation est ainsi de la plus grande importance.

Avec cette ressource, l'Etat peut acquitter toutes les dépenses arriérées, et rembourser la dette transmissible; mais pour arriver à ce but si désirable, nous observerons encore que les forêts ne doivent point être vendues contre du numéraire, et qu'elles doivent être aliénées contre les bons de compensation, que nous avons précédemment proposés.

Le numéraire est rare dans ce moment en France; la balance du commerce nous est très-défavorable : nous avons de plus nos colonies à rétablir, et ces motifs doivent engager le gouvernement à aider la circulation, au lieu de la restreindre.

Si les bois étaient vendus contre du numéraire, il est évident qu'ils continueraient d'être vendus à vil prix, parce que la valeur générale des propriétés est très-basse, et qu'elle baisserait encore par la concurrence de ces nouvelles ventes. Ainsi l'agiotage, la ruine des vendeurs actuels, et la diminution des produits de l'enregistrement, seraient les résultats de la vente des bois contre du numéraire.

Si, au contraire, en mettant ces bois en vente, le gouvernement établit au même instant un signe qui ne puisse servir qu'à l'achat de ces bois, la circulation ordinaire du numéraire ne sera point dérangée, et la valeur vénale du territoire ne sera point diminuée.

Pour éviter tout agiotage, nous proposerions encore d'admettre les bons délivrés par la trésorerie dans un emprunt à cinq pour cent, et de conserver à tous ceux qui recevraient ces bons pour le remboursement de leurs inscriptions, la faculté de rétablir dans un an l'inscription sur le grand livre, si pendant cet intervalle ils n'avaient pas fait emploi de leurs bons.

Il y a lieu de croire que par ces dispositions, et par l'annonce de la suppression des contributions directes, la valeur des bois de l'Etat s'éleverait à plus de deux milliards, sans y comprendre les forêts dépendantes des maisons royales.

En attendant l'aliénation de ces bois, nous en estimerons le revenu à vingt millions, comme le ministre; mais il paraît qu'il n'a pas fait attention que cet article avait produit, en 1811, 34 millions; la diminution du territoire, jointe à la restitution des bois des émigrés, n'a certainement pas diminué ce produit de plus de 14 millions.

Douanes.

Les douanes sont estimées, par le budget de 1816, pour un revenu de 40 millions; elles ne peuvent produire aujourd'hui cette somme qu'en forçant tous les tarifs, en doublant l'armée des douaniers, en rétablissant les odieux tribunaux des douanes, c'est-à-dire en nous tourmentant beaucoup nous-mêmes, et en gênant toutes nos relations de commerce avec l'étranger. Si au contraire la France avait un traité de commerce avec l'Angleterre, fondé sur la base d'un intérêt mutuel, les douanes produiraient beaucoup plus, parce que l'échange des marchandises serait plus considérable, et que le commerce interlope serait détruit, ou du moins plus facile à surveiller.

Il est au surplus un article du tarif actuel dont l'existence est si déraisonnable, qu'il suffira sans doute de le mentionner pour en obtenir la radiation.

Les agens de Buonaparte, toujours absurdes dans leurs moyens administratifs, après avoir entrepris de faire tout le commerce d'exportation, s'étaient réduits à vendre des licences; ce moyen ne leur ayant pas réussi, à beaucoup près, autant qu'ils l'avaient imaginé, et la misère des propriétaires s'étant accrue par l'effet des rapines, la loi de la nécessité, ainsi que l'envie de piller d'une autre manière, les déterminèrent à consentir avec beaucoup de restrictions à la sortie des grains, dont le superflu était augmenté par les effets de la guerre et de la conscription ; mais ils imaginèrent de permettre l'introduction des blés étrangers et de taxer les grains français à leur sortie, bien différens en cela des hommes d'Etat d'Angleterre qui, par l'effet de la gratification accordée à la sortie des blés, ont donné un mouvement si rapide à toute l'industrie nationale.

Il paraît que le droit sur la sortie établi par Buonaparte existe encore, malgré la décision des chambres, malgré la volonté très-judicieuse du Roi ; c'est une prîme accordée à tous les blés étrangers, c'est une espèce de prohibition de culture pour la France, et l'on ne peut sans honte, dans le siècle où nous sommes, percevoir une taxe aussi funeste.

Les additions proposées pour le tarif des douanes, sur les cotons en laine, sur les peaux sèches, sur la potasse et autres objets de nécessité pour nos manufactures, sont une atteinte mortelle portée à l'industrie française, qui a tant de besoin d'être encouragée. Il est tout aussi difficile de concevoir que l'on ait voulu taxer les bœufs, vaches, veaux, moutons, chevaux, mulles et mulets; l'importation de tous ces objets doit être défendue dans un grand pays agricole, et il est absurde d'en taxer l'exportation, ainsi que celle des laines, du miel, du millet, des fruits, et presque généralement de tous les produits de l'agriculture française ; *c'est, on le répète, vouloir donner des prîmes à l'industrie et à l'agriculture étrangère.*

Sels.

Cet article est évalué par le ministre, pour 1816, à 35 millions, et 2 millions pour les salines de l'est, qui en rapportent 3 ; quoi qu'il en soit, cette évaluation est beaucoup trop faible. L'impôt sur le sel rapportait, en 1789, plus de 56 millions ; il en a donné au-delà de 43 en 1810, et depuis cette époque le droit a été doublé, pour les trois derniers mois de 1813 et pour l'année 1814. Il y a lieu de croire qu'en fixant cet impôt à deux sous par livre, il produirait au-delà de 50 millions, sur-tout si la vente devenait libre par l'établissement des corporations.

Tabacs.

Le ministre n'évalue le produit des tabacs qu'à 37 millions; cependant l'on peut affirmer que dès que la vente sera libre, et seulement assujettie au réglement des corporations que nous proposons d'établir, elle produira certainement au-delà de 60 millions, parce que presque toute la taxe reviendra à la trésorerie, et que la consommation des tabacs est fort augmentée. Nous n'avons évalué les tabacs, pour 1816, qu'à 40 millions.

Loteries.

Cet impôt funeste doit être supprimé, ou du moins réduit à quatre tirages par an, dont le bénéfice serait attribué aux hôpitaux.

Postes.

Si le tarif était gradué pour le transport du numéraire, et que celui des lettres fût mieux réglé, cette administration produirait au moins 12 millions.

Poudres et salpètres.

Ce petit article a toujours été compté pour 500,000 francs, et pourrait donner quelque chose de plus.

Bénéfice sur la fabrication des monnaies.

Ce bénéfice rapportait environ 500,000 fr. en 1789. Il importe, pour toutes les transactions commerciales, que la valeur intrinsèque des monnaies égale leur valeur nominale, et que le commerce trouve de l'avantage à faire monnoyer des lingots; par ces motifs, on doit renoncer à tout bénéfice sur la fabrication des monnaies.

Recettes accidentelles.

Cet article doit produire une somme assez considérable. On assure qu'il s'élève régulièrement à plus de trois millions, mais le ministre le porte beaucoup trop haut en l'évaluant au double. On pourrait augmenter cette ressource par une taxe légère sur les actes de l'état civil, et par différens objets locaux; nous ne porterons cependant cet article que pour trois millions.

Droits de passe sur les routes et sur la navigation intérieure.

Cette taxe est sans contredit une des plus justes ; c'est l'opinion de toutes les parties de l'Europe où elle existe ; cependant nos financiers, après avoir beaucoup vanté cette ressource, supprimèrent tout-à-coup cet impôt, sans aucun dédommagement pour la trésoserie ; il faut convenir qu'il avait été établi avec tant de maladresse, que la majeure partie de la taxe était dévoiée par les frais, et que les voyageurs en étaient considérablement tourmentés. J'ai montré, dans mes *Considérations sur l'organisation sociale*, imprimées en 1802, que l'on pouvait lever cette taxe sans le secours d'une armée de commis. Le ministre des finances paraît avoir adopté une partie du projet que je *publiai* alors ; mais ce projet est estropié, comme celui de la vente des bois dans son budget de 1816. Je compterai cette excellente ressource pour 21,500,000.

D'après cet aperçu modéré, les revenus publics seraient, en 1816, de 800 millions, ce qui produirait un excédent réel de 14 millions de francs, sur la totalité des dépenses proposées par le ministre, puisque cette somme de 14 millions se trouve comprise dans ses dépenses, comme fonds d'amortissement, et que je dote beaucoup plus avantageusement cette caisse, sans avoir recours à des taxes qui, dans notre position, seraient tout-à-fait contraires à l'intérêt public et privé, sans compter les très-grandes économies dont ces dépenses sont susceptibles.

Afin de choisir d'un coup-d'œil l'extrême différence des moyens que nous proposons, avec ceux proposés par le ministre, nous copions son budget, et nous plaçons le nôtre à la suite.

Il est évident que les taxes que le ministre propose pour 1816, éprouveraient presque toutes des non-valeurs et des difficultés dans leur établissement; il faudrait augmenter l'armée des douaniers et celle des droits-réunis, accroître les attributions et les émolumens d'une foule de receveurs, de directeurs et d'administrateurs, et pressurer tous les individus dont le ministre veut augmenter le cautionnement ou diminuer les gages : tout cela porterait des atteintes funestes à la circulation, à la consommation, à la confiance, et détruirait ainsi l'aisance publique et particulière. Il faudrait probablement encore des tribunaux spéciaux pour soutenir ce système; mais dans tous les cas, on doit le répéter, il est bien sûr qu'il ne produirait pas 800 millions, qu'il soulevrait le peuple, et qu'il faudrait au moins six mois pour monter une pareille machine financière, tandis que le contre-projet que l'on présente n'exigerait pas plus de six semaines pour l'établissement des corporations, et permettrait de simplifier, dès le premier jour, l'administration de toutes les taxes existantes; ainsi, ne fût-ce que pour assurer les services, le projet du ministre des finances doit être rejeté.

Budget du ministre pour 1816.

1° *Contributions directes.*

Foncière.	258,198,000
Mobilière et personnelle	40,953,500
Portes et fenêtres.	14,181,000
Patentes	16,187,000
	329,499,500
Pertes et non valeurs à déduire . . .	9,499,500
Somme à porter au budget	320,000,000

2° *Enregistrement, domaines et bois.*

Enregistrement et domaines	136,000,000
Bois.	20,000,000
	156,000,000

3° *Contributions indirectes.*

Douanes	40,000,000
Sels.	35,000,000
Droits généraux	110,000,000
Tabacs	37,000,000
	222,000,000

4° *Divers produits.*

Loterie	7,000,000
Postes	14,000,000
Salines de l'est.	2,000,000
Recettes diverses et accidentelles . . .	6,000,000
Recettes extraordinaires.	29,000,000
TOTAL	727,000,000
Cautionnemens	50,000,000
Retenue sur les traitemens.	13,000,000
Abandon fait par le Roi sur la liste civile.	10,000,000
	73,000,000
Somme égale	800,000,000

Budget proposé par l'auteur de cet écrit.

Contribution foncière	200,000,000
Contribution personnelle	27,000,000
Contribution des maisons	30,000,000
Enregistrement et domaines	136,000,000
Bois de l'Etat.	20,000,000
Douanes	20,000,000
Droit sur les boissons	70,000,000
Tabacs.	40,000,000
Sels, y compris les salines de l'est. . .	50,000,000
Postes	12,000,000
Poudres et salpêtres.	500,000
Recettes accidentelles	3,000,000
Droits de passe sur les routes, et de navigation intérieure	21,500,000
Impôts de faculté calculés, pour la première année, sur le *trentième* de la totalité du revenu national	170,000,000
TOTAL.	800,000,000

Il résulte de ce tableau, que la nation obtiendrait tout de suite un soulagement immense par la suppression des commis inutiles, par la suppression des droits-réunis, par celle de la loterie, celle du droit de fabrication des monnaies, et celle des patentes.

Cette immense réduction de taxe, encouragerait principalement l'agriculture et le commerce. Les octrois, que je n'ai pas portés en recette pour favoriser les villes, seraient modérés et rendus aux communes, afin de pourvoir aux dépenses locales, et les années suivantes n'arriveraient qu'avec de nouvelles diminutions d'impôts. Enfin, en 1819, la France serait totalement délivrée de tous les receveurs de contributions directes, de tous les garnisaires qu'ils traînent à leur suite, et les impôts de faculté remplaceraient toutes nos taxes, à l'exception de l'impôt des maisons, de celui de l'enregistrement, du timbre, des douanes et des postes. Nos finances seraient alors établies sur le meilleur système de l'Europe, et nous aurions sur l'Angleterre l'avantage de n'avoir pas besoin d'un fonds continuel d'amortissement.

Dans quel état prospère ne serait pas alors la France! quel spectacle de bonheur et de force présenterait-elle à l'Europe! quelle félicité marquerait tous les jours du Roi! quelle gloire pour lui de cicatriser en si peu de temps toutes les plaies de la révolution! Lui seul, par ses lumières, peut opérer ce grand changement; lui seul peut ramener l'administration du royaume aux principes de justice dont elle s'est tant écartée ; lui seul enfin peut détruire les abus qui nous oppriment depuis si long-temps !

Il nous reste à examiner l'arriéré ainsi que les principales propositions faites dans la chambre des députés pour l'extinction de la dette ; nous jeterons ensuite un coup-d'œil sur les dépenses : nous examinerons après sur quels principes doit être fondée une véritable caisse d'amortissement ; enfin nous déterminerons la forme du compte annuel à rendre par le directeur-général des finances, ainsi que sa vérification par la chambre des comptes et par la législature.

De l'arriéré.

L'arriéré se compose d'une partie de la dépense des alliés, d'une partie des gages des employés civils, des sommes dues à différens fournisseurs, et de celles qui doivent être remplacées dans différentes caisses publiques.

Le premier article ne doit être payé qu'en numéraire. Les centimes extraordinaires et l'emprunt de 100 millions fournissent des ressources plus que suffisantes pour acquitter cet article, ainsi que le faible résidu des appointemens du civil. Mais si, contre toute attente, ces centimes extraordinaires ne suffisaient pas, il serait facile de mettre ces dépenses au courant, en anticipant sur les crédits de l'année 1816, dont la dépense est évaluée trop haut, et qui, dans tous les cas, serait soldée sur les crédits de 1817; ainsi l'arriéré en 1816 n'a dû être considéré que sous le rapport des sommes dues aux fournisseurs, et sur le remplacement à faire dans les différentes caisses dont les fonds ont été enlevés sous le gouvernement précédent.

Plusieurs députés ont proposé d'acquitter ces créances avec des inscriptions sur le grand livre. Mais, indépendamment des inconvéniens attachés à la multiplication des inscriptions, il faut observer que cette opération serait l'inverse de celle qu'il faut faire; *l'Etat ne doit pas s'endetter, il doit se libérer.* La vente des forêts est par conséquent très-préférable à la liquidation de l'arriéré par la voie des inscriptions.

J'ai montré en 1802, dans l'ouvrage intitulé *Considérations sur l'organisation sociale,* les principaux motifs qui doivent déterminer à vendre les forêts; mais on ne devait pas s'attendre que le baron Louis, en adoptant ce plan, imaginerait de rembourser les créanciers de l'Etat avec du papier, et de vendre les forêts pour de l'argent. Cette étrange manière d'opérer, a produit nécessairement, je le répète, un agiotage énorme sur les obligations du trésor, une baisse considérable sur le prix des ventes, et la baisse de la valeur vénale du territoire, objet de la plus haute importance.

Les biens-fonds sont maintenant à vil prix, faute de capitaux et de circulation, et ce prix diminuerait encore par la concurrence de la vente des forêts et des biens communaux. Le résultat de cette baisse serait donc infailliblement de ruiner les vendeurs, et de diminuer le produit proportionnel des droits de mutation ; alors l'Etat continuerait de perdre sur l'enregistrement, plus qu'il ne retirerait de la vente des bois, et la détresse de la trésorerie augmenterait chaque jour, au lieu de cesser.

Il est inconcevable que des idées aussi simples n'aient pas frappé le ministre actuel des finances ni son prédécesseur, et qu'ils n'aient pas senti que l'aliénation des forêts ne devait être faite que par des compensations complètes, c'est à-dire en mettant en vente une partie de ces forêts, après estimation préalable, et contre des bons de la trésorerie seulement.

Il y a lieu de croire que l'arriéré, réduit à sa valeur par le bureau de liquidation générale que je propose d'établir, n'absorberait pas un quart des forêts de l'Etat, et que le reste de ces forêts serait plus que suffisant pour éteindre toute la dette transmissible, moyennant la caisse d'amortissement dont je demande la formation.

Avant de discuter les bases sur lesquelles doit reposer cette caisse, il est nécessaire de montrer toute l'utilité de la vente des forêts.

On répète journellement que Colbert a dit que le royaume périrait faute de bois : on ne cite ni l'époque, ni l'ouvrage où ce ministre a mis en avant cette idée bizarre; mais s'il a tenu ce langage, l'expérience de plus d'un siècle prouve qu'il s'est trompé : on pourrait même dire que c'est une des nombreuses erreurs qui lui sont échappées.

La France ne périra pas faute de bois ; et, ce qui peut paraître singulier au premier coup-d'œil, c'est que le meilleur moyen de faire baisser le prix des combustibles, le meilleur moyen de nous bien approvisionner de bois de construction, est de vendre les forêts de l'Etat.

La preuve de ce fait n'est pas difficile à

faire. Tant que l'Etat sera endetté, et que la mauvaise organisation des finances arrêtera la circulation, on manquera par-tout de capitaux pour toutes les entreprises utiles. L'exploitation des mines de charbon est de ce nombre ; la France en possède de très-riches qui ne sont pas exploitées faute d'argent ; mais dès que l'Etat sera libéré, et la circulation bien établie, ces mines s'ouvriront, et nos forges, qui ne peuvent aujourd'hui soutenir la concurrence de celles de Suède ni d'Angleterre, parce qu'elles n'emploient généralement que du bois, n'auront plus à craindre la concurrence des fers étrangers. Enfin, lorsque le prix des combustibles sera diminué des trois quarts par la masse des charbons-de-terre, alors le peuple pourra se chauffer à peu de frais.

Alors les forêts qui se trouvent dans les plaines, pourront être défrîchées sans inconvénient.

Alors le prix des bois se nivelera de proche en proche, et l'on ne verra plus vendre des buches et des copaux à la livre à Montpelier, tandis qu'à vingt lieues de cette ville, le bois se vend cinq sous la charretée.

Alors les bois de construction seront ménagés et soignés, il y aura dans beaucoup de pays plus de profit à conserver des futaies, et les propriétaires délivrés de leur détresse, pourront laisser ce bel héritage à leurs enfans. C'est ordinairement la misère qui fait couper les bois de trop bonne heure ; et les propriétaires d'un des plus beaux sols de l'Europe, ne doivent plus connaître la pauvreté sous le règne de Louis XVIII.

Si l'on pouvait élever le moindre doute sur ce que je viens de dire, je citerais l'Angleterre ; je montrerais, par ses lois forestières, qu'avant la reine Elisabeth, les forêts étaient immenses, qu'elles étaient dévastées, et que le peuple, peu nombreux, manquait souvent du nécessaire. Je ferais voir ensuite que, dès que cette princesse eut amélioré toutes les bases de l'administration, l'exploitation des mines de charbon reçut les plus rapides accroissemens, que la plupart des forêts furent défrichées, et que le peuple trouva dès-lors sur la terre un magasin inépuisable de travail.

Je montrerais enfin que depuis que la liberté absolue de culture existe en Angleterre, presque toutes les propriétés se sont ornées d'arbres magnifiques, et qu'aucune partie de l'Europe ne possède, comparativement à leur étendue, plus de bois de construction que l'Ecosse et l'Angleterre.

Si l'on objecte que la Grande-Bretagne achète une partie des bois de sa marine dans le nord, je répondrai qu'elle ménage les siens, et que sa navigation, ainsi que son commerce dans la Belgique, exigent qu'elle prenne des bois et des chanvres en Suède, en Russie, en échange des marchandises qu'elle importe dans ces deux pays.

Les mêmes motifs doivent nous intéresser à favoriser notre navigation dans le nord ; et sans avoir la prétention, très-inutile, de rivaliser la marine anglaise, la France doit sentir que les Vosges, les Alpes, les Pyrénées et les montagnes d'Auvergne lui fourniront toujours les bois qui lui seront nécessaires.

Un député de la Gironde a dit, en 1815, que depuis que l'on avait fait de grands défrîchemens dans les Pyrénées, la fonte des neiges avait occasionné le débordement continuel des rivières qui prennent leur source dans ces montagnes.

Il n'y a que deux observations à faire à ce député ; la première est qu'il est absolument impossible de labourer des terrains aussi escarpés ; la seconde, c'est que, par un hasard extraordinaire, la Garonne n'a pas débordé une seule fois depuis 1798 jusqu'en 1805; ainsi les terreurs avec lesquelles on veut combattre la vente des forêts sont très-insignifiantes : il faut les vendre non seulement pour payer la dette, mais sur-tout pour augmenter la masse du travail, la circulation des capitaux, l'augmentation du produit des mutations, enfin pour délivrer l'Etat d'une immense régie qui, de l'aveu de M. le baron Louis, consume le tiers du revenu apparent des bois.

Le motif de la libération de l'Etat ne saurait être considéré trop attentivement ; il est difficile de concevoir que nos ministres des finances parlent sans cesse d'amortir la dette, de fonder le crédit, et que toutes leurs idées à cet égard se réduisent à former le fonds d'une caisse d'amortissement avec une partie du produit des taxes ordinaires.

Cette idée était très-bonne en Angleterre, où les capitaux sont abondans, la circulation très-active et l'industrie florissante; mais en France, où tous ces biens sont à créer, peut-on sérieusement proposer de persévérer dans un mauvais système d'imposition pour se procurer un excédent de revenu destiné au rachat de la dette publique? Ne serait-ce pas sacrifier la génération actuelle aux générations futures? Ne serait-ce pas préférer l'intérêt des créanciers de l'Etat et des fournisseurs à celui des contribuables? Ne serait-ce pas détruire les richesses dans l'espoir de les augmenter?

Sans doute, il est très-urgent d'amortir la dette de l'Etat, mais ce n'est point du tout par le motif que donne le ministre; c'est pour tuer l'agiotage, c'est pour reporter les capitaux sur la terre, sur les manufactures et sur le commerce, qu'il faut payer la dette, et la vente des bois, par des bons de compensation, remplira rapidement cet objet.

Caisse d'amortissement.

D'après tout ce qui vient d'être dit, on doit sentir qu'un fonds d'amortissement ne doit pas produire de nouvelles charges, puisque son objet est de les diminuer. L'idée de soutenir le crédit public, en assurant le paiement de la dette par des taxes spéciales, et en rachetant habituellement une partie du capital, est une idée fort ancienne en Angleterre. M. Walpole, après avoir contribué à favoriser ce système, l'avait restreint, et ses successeurs n'avaient suivi aucun plan fixe à cet égard, mais M. Pitt, en augmentant considérablement ce fonds, et en déterminant le parlement à ne voter aucun emprunt à l'avenir, qu'en établissant des ressources pour son rachat graduel, a créé une nouvelle force dans l'Etat.

Il serait difficile d'établir en France une caisse d'amortissement sur les mêmes principes, en raison de la différence de richesses et de circulation actuelle des deux pays. Nous n'avons pas besoin d'ailleurs d'établir dans ce moment un aussi grand crédit que celui dont jouit le gouvernement britannique; cette entreprise serait au moins inutile. Il nous suffit de posséder une caisse d'amortissement qui seconde l'action de la trésorerie, et qui dans les momens où les dépenses extraordinaires deviennent indispensables, puisse lui donner de véritables secours sans embrouiller le mouvement de toutes ses parties.

Le crédit public doit être une chose très-secondaire pour nous, jusqu'à ce que la Charte constitutionnelle ait amélioré l'esprit national. Tant que la liberté de la presse n'existera pas en France, tant que nous n'aurons pas de véritables corporations, tant que la loi *habeas corpus* ne sera pas établie, le crédit public sera plus dangereux qu'utile.

Avons-nous oublié que c'est ce crédit qui a causé les malheurs du règne de Louis XIV, les extravagances de la régence, la détresse du règne de Louis XV, la guerre d'Amérique, enfin cette funeste révolution qui a couvert le globe de crimes et d'erreurs ?

L'usage du crédit doit être réservé en France pour l'avenir; il faut maintenant se borner à administrer comme Henri IV et Sully, modérer les dépenses, diminuer les impôts et payer les dettes par des ressources extraordinaires que présente le royaume. Je crois avoir démontré que les moyens que j'indique enrichiraient le peuple, augmenteraient les revenus de la trésorerie, et que la caisse d'amortissement que je propose serait suffisante.

Cette caisse, formée de tous les capitaux improductifs, et, si on le jugeait à propos, des extinctions des rentes viagères, pensions et des excédens de recettes qui pourraient se trouver dans le compte de chaque année, serait investie du droit d'émettre dans les circonstances extraordinaires des bons pour le service de la trésorerie.

Cette émission ne pourrait avoir lieu que d'après une loi particulière, et la caisse serait placée, comme je le proposais l'année dernière, sur l'inspection immédiate du chancelier et des deux chambres : à la fin de chaque année, les bons ainsi émis seraient retirés, soit par les fonds de la caisse, soit par la voie d'un emprunt ou par la conversion en inscriptions ; de cette manière les charges extraordinaires seraient supportées graduellement par les années de paix ; la guerre n'étoufferait plus l'industrie, et le gouvernement aurait toujours des ressources prêtes, sans recourir à des augmentations d'impôts.

Observations sur les dépenses.

Les dépenses ont été évaluées par les ministres, pour 1816, à la somme de 800 millions, y compris les sommes à payer aux alliés ; la sagesse du Roi diminuera sans doute les prodigalités de la bureaucratie. L'on peut affirmer qu'il serait facile de porter les économies à plus de 100 millions, sans nuire au bien du service ; cependant je suis parti de la proposition du budget.

La première économie à faire est, sans contredit, celle qui concerne la chambre des pairs et celle des députés. C'est un objet de scandale de voir figurer cette dépense dans le budget ; il semble que l'on veut ainsi déconsidérer les chambres. Les pairs et les députés du royaume ne doivent avoir rien de commun avec le sénat et le corps législatif de Buonaparte. S'il est des pairs qui n'aient pas assez de fortune pour soutenir leur dignité, on doit les aider par des pensions, mais jamais par des traitemens attachés à la pairie.

La chancellerie est portée en dépense pour 17 millions ; c'est plus du triple de ce qu'elle coûtait en 1789, et les droits de sceau, de marc d'or, etc., peuvent réduire considérablement cette dépense.

Les tribunaux civils, criminels et les juges de paix, ne coûtaient, sous le directoire, que 8 millions 868 mille francs. Je crois que les juges de paix sont payés maintenant sur les centimes additionnels, ce qui ferait une grande diminution.

Le budget de 1813 portait la dépense du ministère de la justice, à 29 millions, mais il faut en déduire les frais de tous les départemens restitués, ainsi que ceux des provinces Illyriennes ; il est ainsi très-probable que la dépense actuelle de la chancellerie ne devrait pas s'élever à plus de 10 millions.

Les affaires étrangères sont portées dans le budget de 1816 à 6 millions 500 mille francs, c'est plus que ce ministère ne coûtait sous Louis XVI; mais les dépenses sont fort augmentées.

La dépense du ministère de l'intérieur est portée pour 1816, à la somme énorme de 70 millions, ce n'est même qu'une partie de la dépense, car les préfets reçoivent encore pour leur compte une partie du revenu particulier des communes, sans compter l'emploi d'une partie des centimes pour des travaux publics, etc., etc.

Le budget de l'intérieur s'élevait en 1813, pour les cent trente départemens, à 59 millions; il ne se portait en 1802 qu'à 30 millions; comment se fait-il aujourd'hui que cette dépense soit évaluée à plus du double, malgré la diminution du territoire?

La plupart des dépenses de ce ministère demandent le plus sévère examen.

La France est de toutes les parties de l'Europe celle où l'agriculture reçoit le moins d'encouragement de la part du gouvernement. Les manufactures ne sont pas mieux traitées :

on fait payer jusqu'aux brevets d'invention, et je vois, par les états ministériels, que la somme des encouragemens est infiniment moins forte, y compris même les secours pour incendies, inondations et grêles, que les sommes habituellement employées pour les spectacles, pour l'espionage et pour des gratifications à des journalistes, ou autres écrivains du gouvernement, ce qui est tout-à-fait absurde.

La multiplication des préfets et des sous-préfets, l'entretien mal combiné des haras, les dépenses anciennes de l'Université et du Conservatoire de musique, les bâtimens inutiles sont encore des objets que l'on pouvait diminuer sans inconvéniens. On peut ainsi réduire la dépense de l'intérieur à ce qu'elle était en 1802.

Les dépenses du ministère de la guerre sont portées dans le budget de 1816, pour 180 millions. Il n'est pas possible sans doute de réduire aujourd'hui toutes les dépenses de ce ministère; la solde d'une foule de militaires qui n'ont pas d'autre existence, ne permet pas d'arriver subitement à toutes les économies désirables. Cependant, lorsqu'on fait attention que la solde ne forme qu'une partie de ces dépenses, et que l'armée composée en 1791 de cent quatre-vingt dix sept mille hommes de troupes de ligne, ne coûtait que 90 millions, on sent que ce ministère peut opérer journellement de grandes diminutions dans ses dépenses.

Le ministre de la guerre n'avait évalué en l'an 7 la dépense de deux cents quarante-cinq mille six cent quarante-sept hommes qu'à la somme de 142 millions 714 mille 738 francs, y compris les frais ordinaires de l'administration. La France n'a pas besoin d'entretenir une armée de plus de cent cinquante mille hommes en temps de paix; ainsi les frais du ministère de la guerre sont évalués très-haut.

La marine est portée, dans le budget de 1816, pour 48 millions; c'est beaucoup trop, ou trop peu, si nous avons l'ambition d'élever notre marine à la hauteur de celle de l'Angleterre, ce qui serait plus qu'inutile; une dépense annuelle de 48 millions serait très-insuffisante. Si au contraire la France se pénètre bien de l'idée qu'elle n'a pas besoin d'une grande marine militaire pour faire respecter son commerce et pour conserver ses colonies, 40 millions par an forment une somme assez forte pour ce ministère, qui ne coûtait pas davantage en 1788.

La police générale a été réduite par le Roi à ce qu'elle doit être, et la dépense d'un million pour cet objet est très-modérée.

Il n'en est pas de même des frais du ministère des finances; M. Necker n'avait évalué les frais du trésor royal et les diverses caisses, qu'à 2 millions; l'ex-ministre Ramel n'avait estimé les dépenses ordinaires de la trésorerie en l'an 8, qu'à 3 millions 953 mille 972 fr.; enfin, malgré le gaspillage et l'immense étendue de l'administration des finances, en 1813 elle ne coûtait que 21 millions. Comment se fait-il aujourd'hui, que le territoire est si considérablement réduit, que les frais de cette administration soient encore portés à 16 millions ?

La dette publique est évaluée, dans le budget de 1816, à 115 millions. Il faut toujours se défier en finance des sommes rondes, et la défiance ici paraît très-fondée. D'abord il faut déduire la dette des pays conquis et restitués; il faut déduire ensuite l'extinction des rentes viagères : et si j'en crois les états que j'ai sous les yeux, le total des rentes perpétuelles et viagères ne va pas aujourd'hui, y compris les pensions, à une somme aussi forte.

L'intérêt des cautionnemens est évalué à 8 millions. Il serait possible, en examinant de près de quelle manière ces cautionnemens ont été fournis, d'en réduire considérablement le capital, et par conséquent la charge que produisent les intérêts; mais il faut s'en rapporter provisoirement au compte du ministre.

Les frais de négociation sont portés, dans le budget de 1816, pour 12 millions.

Qui pourrait jamais croire que le ministère des finances, en proposant d'augmenter les taxes directes, en diminuant sur ses recettes présumées 9 millions 499 mille 500 fr., pour frais, pertes et non-valeurs à déduire, mette en ligne de compte des frais de négociation?

N'est-il pas évident qu'avec un peu de prévoyance et d'économie, il devrait être à l'abri de la nécessité de recourir à des anticipations, et qu'ainsi les 12 millions de frais de négociation qu'il porte dans son état de dépenses, doivent en être à-peu-près rayés?

Quant à l'article de ses recettes, il est inutile de l'examiner plus au long; la voix publique ne dit que trop l'étonnement et la douleur de la France de voir proposer en 1816 l'augmentation de la taxe sur les terres, l'augmentation de la contribution personnelle, et, qui plus est, l'extension, la conservation de l'administration des droits-réunis.

Si l'on jette les yeux sur le titre II de la loi que je propose, on verra qu'en assurant pour 1816 la somme nécessaire pour toutes les dépenses, d'après les évaluations des ministres, je pourvois au soulagement de l'agriculture et du commerce, par des diminutions fort considérables sur la contribution foncière et sur la contribution personnelle; que j'assure la diminution progressive de ces taxes en 1817 et en 1818, et leur suppression totale en 1819.

On verra que toutes les taxes seraient modérées, et que, par leur nature, il serait facile d'augmenter ou de diminuer les recettes, suivant les besoins de chaque année.

Le projet du ministre des finances ne pourvoit effectivement ni à une meilleure répartition des contributions existantes, ni à la réduction des dépenses communales, ni au soulagement de départemens ravagés par la guerre, ni aux comptes à rendre de toutes les contributions extraordinaires exigées en 1813, en 1814 et 1815, avec une violence sans exemple.

Le titre III de la loi que je propose, peut remédier à tous ces désordres; le ministre n'a rien déterminé d'utile pour l'établissement d'une caisse d'amortissement; il a oublié que la circulation avait besoin d'être animée; il n'a pas fait attention que son projet allait établir un agiotage énorme sur les obligations qu'il veut émettre, et sur les créances à liquider.

Les titres IV et V de la loi que je propose, assurent l'amortissement de la dette, donnent les moyens d'établir le commencement d'une bonne circulation, préviennent l'agiotage, et montrent ce que la France doit espérer à l'avenir d'une bonne administration financière.

Compte annuel.

Il ne nous reste plus qu'à dire un mot sur le compte annuel des finances. On peut voir que jusqu'à présent ce compte a été rendu dans une forme à-peu-près inintelligible, et avec une telle mauvaise foi, que peu de gens songeaient à le lire, et qu'il ne prouvait que l'impudeur et l'incapacité des différens gouvernemens révolutionnaires.

Il n'y a qu'une seule manière de faire cesser ce désordre honteux, il faut que ce compte soit rendu par un conseil royal des finances, dont j'ai déjà proposé le rétablissement dans un mémoire adressé au Roi.

Le compte dressé par le conseil sur les pièces qui lui seraient fournies par le directeur-général des finances, serait ensuite appuré par la chambre des comptes, dont les membres ne pourraient être nommés que sur la présentation de M. le chancelier; enfin, ce compte serait soumis au Roi, et à l'examen des deux chambres.

Avec ces précautions, il n'est pas douteux que le compte annuel de tous les ministres parviendrait à ce degré d'authenticité qui est nécessaire pour établir la confiance, le crédit, et pour préserver les contribuables de toute atteinte contraire à l'intérêt public.

Le rétablissement du conseil royal des finances, est une des première bases du bon ordre; sans l'appui de ce conseil, les ministres seront toujours entraînés par leurs commis, et tomberont dans tous les piéges dont ils seront environnés. On ne séduit point des conseillers d'état, des maîtres des requêtes qui travaillent en commun sous l'inspection d'un directeur-général, et lorsque le Roi peut les interroger dans son conseil d'état; au lieu que l'expérience nous prouve qu'il est très-facile de tromper un ministre, ou des chefs de bureau.

Nous proposons de remplacer le ministre par un directeur-général ; ce n'est en apparence qu'un changement de dénomination, cependant ce changement est très-grave. Un ministre se croirait toujours investi de l'autorité de ses prédécesseurs, il voudrait être absolu dans son ministère ; au lieu qu'un directeur - général, nommé en même temps que le conseil, n'ambitionnerait d'autres prérogatives que celles qui lui seraient accordées.

L'Europe a les yeux ouverts sur la conduite du gouvernement français, et ma longue expérience, ainsi que mon attachement à la cause du Roi, m'autorisent à dire que si le projet du ministre des finances était suivi, l'Etat resterait infailliblement dans le labyrinthe obscur où l'ignorance et le crime l'ont placé depuis vingt-cinq ans ; la France acheverait de perdre toute sa considération au-dedans et au-dehors. Si au contraire le gouvernement adopte des principes plus libéraux, plus conformes aux progrès que la science financière a faite en Angleterre, en Prusse, en Amérique, la France délivrée subitement de sa dette par un paiement avantageux aux créanciers, encourageant à la fois l'agriculture, les manufactures et le commerce par la suppression graduelle des contributions directes, et par l'établissement de plusieurs caisses de circulation formées à l'instar de la banque de Silésie, reprendra rapidement la puissance et l'influence qu'elle doit avoir sur les destinées de l'Europe.

On nous croit épuisés, affaiblis, incapables de remédier à nos maux; mais le Roi montrera sans doute que, malgré les embarras intérieurs qui gênent ses intentions paternelles, il sait apprécier le temps, les choses, et développer les ressources que lui présente le magnifique héritage de ses ancêtres.

PROJET DE LOI

POUR L'ÉTABLISSEMENT DES FINANCES.

TITRE PREMIER.

De la composition de l'administration des finances.

Art. 1er. L'administration des finances est composée d'un conseil royal des finances, d'un directeur-général et d'une chambre des comptes.

Art. 2. Le conseil royal est formé de sept conseillers d'état, et de quatorze maîtres des requêtes.

Les conseillers d'état ont seuls voix délibérative ; les maîtres des requêtes assistent aux séances, et sont chargés de l'instruction des affaires.

Chaque conseiller d'état a, pour adjoints, deux de ces maîtres des requêtes ; toutes les parties de recettes sont divisées pour le travail entre les conseillers, mais le conseil délibère en commun, et tient registre de ses délibérations.

Art. 3. Les délibérations du conseil sont transmises au directeur-général, qui est tenu de les renvoyer avec un avis motivé. Les rapports ne peuvent être présentés au Roi dans son conseil que dans cet état.

Art. 4. Le directeur-général est chargé de l'exécution de toutes les lois de finances, et de veiller à tout ce qui concerne la recette et l'emploi des deniers publics : il est également chargé de la surveillance de tous les receveurs et comptables, enfin de tout ce qui concerne le service général et particulier de la trésorerie. En conséquence il est seul responsable.

Art. 5. La chambre des comptes est composée de magistrats nommés par le Roi, sur la présentation du chancelier de France : elle est chargée de la révision de toutes les parties contentieuses des finances, de l'appurement des comptes des receveurs et comptables, et de la vérification du compte annuel des finances.

TITRE II.

Des recettes et dépenses.

Art. 1er. L'organisation des recettes sera combinée de manière à ce que les impôts qui portent actuellement sur les terres, sur les personnes et sur les capitaux, soient convertis graduellement dans les années suivantes, en impôts sur les facultés.

Art. 2. Aucun impôt de faculté ne pourra être établi d'une manière arbitraire, et seulement d'après les règles ci-après indiquées.

Art. 3. La contribution foncière est réduite, pour 1816, à la somme de. 200,000,000

La contribution personnelle et mobilière à. 27,000,000

L'impôt des portes et fenêtres sera remplacé provisoirement

D'autre part, 227,000,000

par une contribution sur la valeur locative des maisons, portée au cinquième de cette valeur, qui sera évalué pour 1816, à 30,000,000

Les patentes, la loterie, le droit de fabrication des monnaies, seront supprimés et remplacés par des impôts de faculté levés par les corporations des arts et métiers, d'après la base du trentième du revenu national, et produisant, ci. . . . 170,000,000

L'enregistrement, le timbre et domaines demeurent évalués, conformément à l'estimation du ministre, à. 136,000,000

Les bois de l'Etat sont estimés, jusqu'à ce qu'il en ait été disposé, pour un revenu de. . 20,000,000

Le produit des douanes ne pourra excéder. 20,000,000

Le droit des boissons est évalué à. 70,000,000

L'impôt du sel demeure fixé à deux sous la livre; le produit de cet impôt est évalué à. . . 50,000,000

D'autre part, 723,000,000

Il sera incessamment pourvu à une nouvelle organisation de la taxe sur les tabacs; afin d'en rendre libre le commerce et la culture, cette taxe ne pourra excéder. 40,000,000

La loterie sera réduite à quatre tirages par an, et ses bénéfices seront versés dans la caisse des hôpitaux, ainsi que la taxe sur les billets de spectacles.

Les postes sont évaluées à. . 12,000,000

La taxe sur les poudres et salpêtres sera bornée à. . . . 500,000

Il ne sera plus perçu aucun profit de monnoyage. Le droit des hôtels des monnaies se bornera aux frais de fabrication.

Le tarif des octrois sera diminué de manière à fournir seulement à l'acquittement des dépenses communales et des indemnités locales; il ne sera rien perçu, de cette manière, pour la trésorerie.

D'autre part,	775,000,000
Les recettes accidentelles sont évaluées à.	3,000,000
Il sera perçu un droit de passe sur les routes et sur la navigation intérieure, évalué à.	21,500,000
Total,	800,000,000

Ce droit sera levé sur les passeports, cartes de passe, lettres de voiture qui seront délivrés aux voyageurs, rouliers, messagers et marchands forains ; les passeports porteront l'acquit du droit de passe de la route que le voyageur doit parcourir, et seront vérifiés à l'entrée de chaque ville ayant octroi.

Les cartes de passe délivrées aux voyageurs et aux marchands forains par abonnement, ne pourront s'étendre à une distance excédant vingt lieues, et les lettres de voiture feront mention de l'acquit du droit d'après la distance à parcourir et le poids des marchandises. Ces cartes d'abonnement, ainsi que les lettres de voiture seront, susceptibles de vérification ainsi que les passeports, et la charge des rouliers continuera d'être soumise à l'examen des ponts à bascule.

Impôts de faculté.

Art. 4. Tous les arts et métiers, sujets précédemment à patente, seront divisés en dix classes, et seront chargés par *abonnement collectif* de la levée des impôts de faculté que les corporations reporteront sur les consommateurs : la répartition générale de ces impôts de faculté sera faite annuellement par les chambres, sur l'indication des ministres et sous l'approbation royale ; ne pourront néanmoins lesdites corporations être contraintes à se charger de ladite perception, et dans le cas d'un refus de leur part, les préfets seront autorisés à faire adjuger la ferme du droit d'après un tarif qui, dans ce cas, sera dressé par eux et soumis préalablement à l'autorisation des ministres des finances et de l'intérieur.

Art. 5. Lesdites corporations seront établies par un commissaire du Roi dans chaque département, et dirigées par des syndics et prud'hommes, qui maintiendront le bon ordre et assureront l'exécution des obligations et règlemens de la corporation.

Art. 6. Sur la totalité de ces produits, s'élevant à la somme de 800 millions, il sera prélevé, par des crédits combinés avec les états de recettes, une somme égale de 800 millions pour le paiement de toutes les dépenses publiques en 1816, conformément aux demandes faites par les ministres pour cette année.

TITRE III.

Dispositions générales.

Art. 1er. Les répartitions de la contribution foncière, de la contribution personnelle et mobilière, de l'impôt sur les maisons, seront arrêtées dans le conseil d'état pour le contingent de chaque département. Ce contingent sera ensuite réparti par les conseils généraux de département, et par les conseils d'arrondissement. Les quarante plus haut taxés seront adjoints pour cet effet à ces conseils.

Art. 2. Les traitemens fixes et remises des receveurs-généraux et particuliers, ainsi que les remises des percepteurs à vie, seront diminués provisoirement d'un cinquième, et ces retenues seront ajoutées aux fonds destinés aux indemnités pour grêle, inondations ou incendies, auxquels fonds le dixième des octrois demeure affecté.

Art. 3. Le montant des dépenses communales sera réduit par le conseil d'arrondissement réuni aux quarante plus haut taxés.

Art. 4. La contribution foncière et la contribution personnelle et mobilière devant être supprimées, un tiers en 1817, un tiers en 1818, et le dernier tiers en 1819, l'administration du cadastre et celle des contributions directes demeurent supprimées.

Art. 5. Jusqu'à la suppression définitive de ces taxes, les rôles ainsi que ceux de l'impôt sur les maisons seront dressés par les maires, adjoints et secrétaire-général de la commune, et les réclamations seront jugées par le conseil de préfecture, après avoir pris l'avis des quarante plus haut taxés de la commune, et du sous-préfet de l'arrondissement.

Art. 6. A mesure que les contributions directes s'éteindront, elles seront remplacées par le développement de l'impôt de faculté, et par les bonifications qu'éprouveront les produits du timbre ainsi que ceux de l'enregistrement; mais sans que l'impôt de faculté puisse s'élever en aucun cas à une somme supérieure au montant des taxes remplacées.

Art. 7. Il sera pourvu au remploi de tous les employés réformés dans les différentes administrations ou à la fixation de leurs pensions de retraite, suivant leurs grades, leurs services et l'ordre du tableau.

Art. 8. Les biens des communes actuellement existans resteront en propriété auxdites communes.

Art. 9. Tous les biens confisqués qui se trouvent dans la main du gouvernement, seront restitués sans délai.

Art. 10. Les propriétés restituées au clergé seront administrées à l'avenir par ses agens-généraux ; le produit en sera versé dans une caisse particulière, qui fournira à concurrence à l'entretien du culte.

Art. 11. Les conseils-généraux des départemens, réunis aux quarante plus haut taxés, dresseront l'état de toutes les contributions extraordinaires exigées, sous quel titre que ce soit, dans le courant des années 1814, 1815 et 1816. L'état circonstancié de ces contributions extraordinaires sera publié et affiché dans le chef-lieu de chaque arrondissement, et le préfet sera tenu de rendre compte de l'emploi des valeurs levées de cette manière. Le compte du préfet sera adressé en double original au directeur-général des finances, ainsi qu'au ministère de l'intérieur.

TITRE IV.

De la liquidation de l'arriéré.

Art. 1er. Il sera créé un bureau de liquidation générale pour constater et liquider la dette arriérée de tous les ministères.

Art. 2. Les opérations de ce bureau seront imprimées mois par mois, et ses procès-verbaux seront distribués à la chambre des pairs ainsi qu'à la chambre des députés.

Art. 3. Les créanciers qui déposeront leurs titres dans un trimestre, seront liquidés et payés dans le trimestre suivant par ordre de numéros, à moins d'empêchement; et, dans ce cas, les procès-verbaux feront mention des motifs pour lesquels la liquidation est ajournée.

Art. 4. Il sera pourvu au paiement de l'arriéré par des obligations de la trésorerie, portant cinq pour cent d'intérêt à dater de la délivrance de l'ordonnance de liquidation.

Art. 5. Trois cent mille hectares de bois de l'Etat seront mis en vente après estimation préalable; cette estimation sera faite par trois experts assermentés, nommés dans chaque département par le conseil de préfecture; les procès-verbaux de cette estimation seront publiés, affichés et adressés en double original au directeur-général des finances, et au bureau de la liquidation générale.

Art. 6. Dès que la moitié des créances composant l'arriéré sera liquidée, il sera procédé à la vente d'une valeur correspondante en bois, et les obligations du trésor seront seules admises en payement. Le reste des trois cent mille hectares sera vendu de la même manière, à la fin de la liquidation générale.

Art. 7. Dans le cas où la vente de trois cent mille hectares de bois ne serait pas suffisante pour acquitter l'arriéré de tous les ministères, il sera procédé à de nouvelles ventes, à concurrence du montant général des liquidations, et toujours après estimation publique (1).

TITRE V.

Caisse d'amortissement et de circulation.

Art. 1er. Il sera pourvu à l'établissement

---

(1) Il faut vendre les forêts, non seulement pour payer la dette, mais sur-tout pour augmenter la circulation, ainsi que les produits des mutations, et pour délivrer l'Etat d'une régie qui, d'après le ministre, consume le tiers du revenu apparent des bois ; ceci est bon à répéter.

d'une caisse d'amortissement pour le rachat des rentes transmissibles, pour le remboursement des cautionnemens dont les emplois pourraient être supprimés ou modérés à l'avenir, et pour les services des fonds destinés à l'acquittement des dépenses extraordinaires, en vertu de lois particulières.

Art. 2. Les fonds de cette caisse seront composés : 1° des excédens de recettes de chaque année; 2° des extinctions des rentes viagères et pensions; 3° du prix de la vente des édifices appartenant au gouvernement, qui seront jugés inutiles; 4° du mobilier qui sera réputé inutile dans les édifices vendus, dans les magasins et arsenaux; 5° du prix des bois excédant les trois cents mille hectares, distraction faite des forêts attachées aux maisons royales ou au service de la marine; 6° du rachat des rentes foncières appartenant à l'État.

Art. 3. La caisse d'amortissement sera placée sous l'inspection du directeur-général des finances, du chancelier de France et d'une commission composée de cinq membres de la chambre des députés et de quatre membres de la chambre des pairs.

Art. 4. Les opérations de la caisse d'amortissement seront publiées de six mois en six mois, ainsi que le compte de ses recettes et dépenses ; deux exemplaires de ce compte seront distribués à chaque membre de la chambre des députés et de la chambre des pairs.

Art. 5. La caisse d'amortissement, ainsi organisée, pourra émettre des obligations pour le payement des sommes qu'elle sera tenu d'acquitter ; ces obligations seront payables à vue au bureau de la caisse, et seront reçues pour leur valeur nominale dans toutes les caisses publiques.

Art. 6. Le directeur-général des finances pourra donner en nantissement à la caisse d'amortissement ou à la banque, des obligations des receveurs-généraux, en échange des obligations de la caisse ; mais cet échange ne pourra avoir lieu que sur une délibération du conseil d'état.

Art. 7. La caisse d'amortissement sera autorisée à ouvrir un emprunt à concurrence de cent millions à cinq pour cent, dans lequel les obligations du trésor, données en payement aux créanciers de l'Etat, seront reçues pour leur valeur nominale.

Art. 8. Les porteurs de ces obligations auront également le droit de les convertir en inscription sur le grand livre.

Art. 9. Les billets que la caisse d'amortissement pourrait émettre pour l'acquittement des dépenses extraordinaires en vertu de lois particulières, ne seront point reçues dans les caisses publiques en paiement de contributions; mais par le budget de l'année suivante, il sera pourvu au paiement de ces billets, moyennant les ressources que présentera la caisse, ou par des inscriptions particulières sur le grand livre, qu'elle rachettera à des époques déterminées.

CONCLUSION.

Pour bien faire sentir les inconvéniens du budget du ministre pour 1816, j'ai dû commencer pas montrer l'insuffisance des taxes existantes, les désordres qui les accompagnent et les nouveaux abus qui résulteraient de la conservation et de l'extension de ces taxes.

Quand on considère le projet de budget proposé pour 1816, et que l'on compare les évaluations du ministre des finances avec les recettes des années précédentes, on est forcé de sentir qu'il est absolument impossible que le même système de contribution rende plus aujourd'hui que lorsque la France était enrichie des dépouilles de l'Europe.

On a remarqué que les contributions indirectes n'augmentaient que par la plus vive circulation des capitaux, qui produit toujours l'augmentation de l'industrie et des richesses. On ne doit donc pas espérer de lever 800 millions par des moyens qui ne les ont jamais produits dans un royaume appauvri par tant de fautes, à moins de vouloir soulever tous les contribuables : cette somme, dit-on, est nécessaire; il faut donc la trouver, mais il faut que ce soit par des moyens sages, basés sur l'expérience et sur des facultés réelles. Si l'on examine attentivement le projet de loi que je propose, on trouvera qu'il réunit ces deux avantages.

On croit en France que ces matières sont très-obscures ; cependant elles sont faciles à comprendre, il ne faut qu'un peu d'attention. Ma longue expérience m'a convaincu que le budget présenté à la chambre des députés est mal rédigé, mal calculé dans toutes ses parties; ce n'est qu'une exagération de ceux de 1814 et 1815, qui, par le mécontentement général qu'ils produisirent, furent les meilleurs auxiliaires de l'expédition de Buonaparte. Je n'accuse point le ministre actuel des finances, on rend justice à ses bonnes intentions, mais j'accuse aux yeux de l'Europe entière ces hommes qui, après l'avoir pillée et torturée, paraissent encore disposés à tout entreprendre pour conserver des emplois et une influence dont ils ont fait un si mauvais usage.

Il est évident que le projet du budget du ministre ne pourvoit pas à une juste liquidation de l'arriéré, ni au soulagement de l'agriculture et du commerce, au dégrevement des contribuables, ni à une meilleure répartition des contributions. Il est évident qu'il ne donne aucun moyen pour rendre la circulation des capitaux plus active, ni pour assurer le prompt amortissement de la dette publique : on voit enfin que ce projet est incapable de produire 800 millions, et qu'il n'établit que des gênes nouvelles pour le public ainsi que pour la trésorerie, des surtaxes improductives et destructives de l'industrie, et que l'ensemble de ce système favoriserait encore le plus funeste agiotage.

Pour suivre le budget dans tous ses écarts, il aurait fallu écrire des volumes : j'ai trouvé plus simple de proposer un autre projet de loi. Si le public se souvient de l'ouvrage que j'ai publié en 1802, il trouvera qu'il est temps de s'attacher aux principes d'une manière invariable, et que l'on ne doit plus écouter les hommes qui, vivant du désordre, veulent à toute force nourrir tous les abus.

Je dois taire dans ce moment de grandes vérités; nos financiers apprécieront peut-être ces ménagemens; mais je déclare que s'ils persistent à vouloir perdre la France pour servir leurs intérêts personnels, je ne ménagerai plus rien, et que je dévoilerai complètement une administration financière qui non seulement nous ruine, mais qui ferait renaître les orages révolutionnaires et nous tiendrait sans cesse en guerre avec toutes les nations.

Nota. Je n'ai pas mis en recette les 50 millions que le ministre prétend obtenir par des augmentations de cautionnement, parce que je considère cet emprunt forcé comme un moyen certain de rendre la trésorerie plus dépendante des receveurs, et comme le meilleur expédient pour livrer le public à la rapacité des gens de plume, qui, se voyant rançonnés, ne manquent pas de pressurer au centuple leurs victimes.

J'ai également mis hors de ligne les 13 millions de retenue sur les traitemens, parce que si les traitemens sont excessifs, ils doivent être réduits définitivement; que si, au contraire, ils sont raisonnables, on n'a pas le droit d'attaquer les moyens d'existence d'un individu plus que ceux d'un autre.

Enfin j'ai pensé que la magnanimité des Chambres

ne leur permettait pas d'accepter le sacrifice de 10 millions que le Roi et les princes veulent faire. La liste civile est non seulement le patrimoine de la couronne, elle est encore la ressource d'une foule d'individus que les malheurs de la révolution oppriment.

Le Roi, les princes doivent pouvoir soulager l'infortune; leur bonté répond que les moyens qui restent à leur disposition n'en seront que mieux employés à réparer les maux de la guerre et les fautes des administrations précédentes. Le peuple saura à chaque instant quelle est la main qui le soulage, et de tels bienfaits ranimant les idées d'ordre, de justice et de protection, feront bénir l'autorité légitime.

FIN.

www.ingramcontent.com/pod-product-compliance
Ingram Content Group UK Ltd.
Pitfield, Milton Keynes, MK11 3LW, UK
UKHW020243220726
13923UKWH00002B/804